老区新貌

十八大以来
革命老区的发展故事

中国农业大学国家乡村振兴研究院革命老区研究中心 编著

团结出版社

图书在版编目（ＣＩＰ）数据

老区新貌：十八大以来革命老区的发展故事 / 中国
农业大学国家乡村振兴研究院革命老区研究中心编著 . —
北京： 团结出版社，2023.5
　　ISBN 978-7-5234-0169-9

　　Ⅰ . ①老… Ⅱ . ①中… Ⅲ . ①扶贫－概况－中国
Ⅳ . ① F126

中国国家版本馆 CIP 数据核字 (2023) 第 090133 号

出　版：团结出版社
　　　　（北京市东城区东皇城根南街 84 号　邮编：100006）
电　话：（010）65228880　65244790
网　址：http：//www.tjpress.com
E-mail：zb65244790@vip.163.com
经　销：全国新华书店
印　装：天津盛辉印刷有限公司

开　本：170mm×240mm　16 开
印　张：13
字　数：167 千字
版　次：2023 年 5 月　第 1 版
印　次：2023 年 5 月　第 1 次印刷

书　号：978-7-5234-0169-9
定　价：98.00 元

老区新貌——十八大以来革命老区的发展故事
编委会人员名单

主　编：陈前恒

副主编：林　海　马红旗

成　员：龙文进　王　钢　熊春文　宗成峰

　　　　孟　婷　刘　莹　李元文　庞海月

　　为支持革命老区发展，党的十八大以来至 2020 年，国家乡村振兴局（国务院扶贫办）和财政部使用中央专项彩票公益金共计支持 623 个贫困革命老区县（其中 173 个县有二次以上投入）开展脱贫攻坚工作，占全部 832 个贫困县的 75%。为践行共产党人初心使命，把党中央国务院的关怀更好地传递给革命老区群众，彩票公益金项目下沉到村到户，实施行业部门难以覆盖到的各类小型基础设施建设和支持产业发展，解决了当地群众最急需的"最后一公里"问题，改善了当地人民的生产生活条件。

　　中央专项彩票公益金支持实施的基础设施项目和产业发展项目直接减轻了老区人民负担，增加了老区群众收入，助推了老区人民顺利脱贫。小型水利设施的修建有效地扩大了农田灌溉面积，为农业增产增效提供了保障。通过实施产业发展项目，培育壮大了各类特色农业产业，完善农民利益分享机制，增加了项目覆盖区的农民收入，壮大了集体经济。

　　彩票公益金扶贫项目实施遵从党的群众路线，注重农民参与，充分赋予村民拥有对项目的知情权、参与权、监督权。项目农户体验到了充分的尊重，增强了老区群众对项目的拥有感和获得感。很多基层扶贫办同志反映，以前做项目是"干部埋头干，群众一边看"，现在是贫困群众积极参与彩票公益金扶贫项目实施，实现"扶贫与扶志相结合"，激发了贫困群众脱贫致富的内生动力。

　　2020 年，国家打赢脱贫攻坚战后，党的"三农"工作重心逐渐转入到乡村振兴。为贯彻落实中央关于加快革命老区振兴发展和全面推进乡村振兴的有关精神，原中央专项彩票公益金支持革命老区脱贫攻坚资金调整优化为中央专项彩票公益金支持欠发达革命老区乡村振兴项目资金。2021 年，财政部和国家乡村振兴局使用中央专项彩票公益金 20 亿元在 28 个省（自治区、直辖市）40 个欠发达革命老区县（市、区）开展乡村振兴示范区项目建设工作。项目通过在欠发达革命老区开展乡村振兴示范区建设，在产业发展、人才支撑、生态保护、文化繁荣、组织建设方面取得了初步的示范性成效，探索了一系列革命老区乡村振兴全面推进的有效机制，提升了老区群众的获得感、幸福感和安全感，为传承红色基因奠定基础，初步形成了各具特色的乡村振兴模式和经验，将为推动革命老区振兴发展和实现共同富裕提供有益借鉴。

为迎接二十大，中国农业大学国家乡村振兴研究院革命老区研究中心基于多年从事革命老区发展研究和中央专项彩票公益金支持革命老区乡村发展项目评估调查经验，编辑出版《老区新貌——十八大以来革命老区的发展故事》一书，展现习近平新时代中国特色社会主义思想引领下革命老区发生的巨变。

摘　要

　　党的十八大以来，习近平总书记考察了多个革命老区，就革命老区振兴发展作出一系列重要指示，提出一系列明确要求。习近平总书记指出，不能忘记我们是从哪里走来的，永远都要从革命历史中汲取智慧和力量。在习近平新时代中国特色社会主义思想的引领下，自2012年以来，全国革命老区的综合实力明显增强，交通、水利、电力等发展基础设施更加稳固，产业发展水平明显增强，涌现出了一批蓬勃发展的典型案例。

　　为支持革命老区发展，更精准地解决老区发展瓶颈，提升老区群众福祉，国家乡村振兴局（国务院扶贫办）和财政部自2012年以来在多县（区、市）实施了中央专项彩票公益金支持革命老区县乡村发展项目，从支持革命老区县脱贫攻坚走向乡村振兴，切实解决了老区群众日常生产生活面临的困难，促进了老区整体发展水平，明显增强了老区人民的获得感、幸福感和安全感。

目录

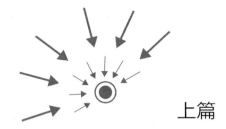

上篇

革命老区发展的根本遵循

一、党的十八大以来习近平总书记关于革命老区的重要论述

党的十八大以来，习近平总书记考察了多个革命老区，就革命老区振兴发展作出了一系列重要指示，提出了一系列明确要求。习近平总书记指出，革命老区是党和人民军队的根，我们不能忘记我们是从哪里走来的，永远都要从革命历史中汲取智慧和力量。根据习近平总书记考察各个革命老区的时间，对党的十八大以来关于革命老区的重要论述进行了详细的整理。

（一）实事求是：对待革命老区要有实事求是的态度，要看就要真看，**看真贫**

2012 年，习近平总书记在河北省阜平县调研时提出"要看就要真看，看真贫，通过典型了解贫困地区真实情况，窥一斑而见全豹。这有利于正确决策。本来很贫困，却粉饰太平，结果只会把事情办糟"。

2015 年，在贵州遵义，习近平指出，党中央十分关心广大农民特别是农村贫困人口，制定了一系列方针政策促进农村发展。党中央的政策好不好，要看乡亲们是笑还是哭。如果乡亲们笑，这就是好政策，要坚持；如果有人哭，说明政策还要完善和调整。好日子是干出来的，贫困并不可怕，只要有信心、有决心，就没有克服不了的困难。

2021 年 3 月 25 日习近平在福建考察时的讲话提到"福建是革命老区，党史事件多、红色资源多、革命先辈多，开展党史学习教育具有独特优势。"并再次强调，"要在党史学习教育中做到学史明理，明理是增信、崇德、力行的前提。要从党的辉煌成就、艰辛历程、历史经验、优良传统中深刻领悟中国共产党为什么能、马克思主义为什么行、中国特色社会主义为什么好等道理，弄清楚其中的历史逻辑、理论逻辑、实践逻辑"。

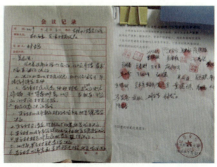

2019 年福建宁化县彩票公益金资助项目——安乐村大洋背组通组路（林海供图）

（二）不忘初心：革命老区是党和人民军队的根，不能忘记自己是从哪里走来的，永远都要从革命的历史中汲取智慧和力量

2014 年习近平总书记在福建上杭提出"我们永远不要忘记革命老区，要一如既往坚持老区建设，关心老红军、军烈属和'五老'同志的生活，经常听取他们的意见和建议，请他们言传身教，确保革命传统和优良作风薪火相传"。

2017 年 4 月 21 日习近平在广西考察工作结束时提到"广西是革命老区，老区和老区人民为我们党领导的中国革命作出了重大牺牲和贡献"。

2012 年广西乐业县彩票公益金资助项目——连纂村整村推进（林海供图）

2017 年习近平总书记在瞻仰上海中共一大会址时提出"上海是党的一大会址、嘉兴南湖红船是我们党梦想起航的地方。我们党从这里诞生，从这

里出征，从这里走向全国执政。这里是我们党的根脉"。

习近平总书记 2019 年 4 月在重庆考察时提到"重庆要运用这些红色资源，教育引导广大党员、干部坚定理想信仰，养成浩然正气，增强'四个意识'、坚定'四个自信'、做到'两个维护'，始终在政治立场、政治方向、政治原则、政治道路上同党中央保持高度一致"。

2019 年，习近平总书记在江西考察并主持召开推动中部地区崛起工作座谈会时的讲话中提到"我们一定要牢记红色政权是从哪里来的、新中国是怎么建立起来的，倍加珍惜我们党开创的中国特色社会主义，坚定道路自信、理论自信、制度自信、文化自信。革命理想高于天。我们要从红色基因中汲取强大的信仰力量，增强'四个意识'，坚定"四个自信"，做到'两个维护'，自觉做共产主义远大理想和中国特色社会主义共同理想的坚定信仰者和忠实实践者，真正成为百折不挠、终生不悔的马克思主义战士"。

2019 年，习近平总书记在河南考察时来到鄂豫皖苏区革命博物馆同当地红军后代、革命烈士家属交谈。习近平说："我们绝不能忘记革命先烈，绝不能忘记老区人民，要把老区建设得更好，让老区人民过上更好生活。"

2019 年 9 月 12 日习近平总书记在视察北京香山革命纪念地时的讲话："我们缅怀这段历史，就是要继承和发扬老一辈革命家谦虚谨慎、不骄不躁、艰苦奋斗的优良作风，始终保持奋发有为的进取精神，永葆党的先进性和纯洁性，以'赶考'的清醒和坚定答好新时代的答卷。"

2021 年 2 月 5 日习近平在贵州考察调研指出："遵义会议的鲜明特点是坚持真理、修正错误，确立党中央的正确领导，创造性地制定和实施符合中国革命特点的战略策略。这在今天仍然具有十分重要的意义。"

2021 年 6 月 25 日习近平在参观瞻仰丰泽园毛泽东同志故居时的讲话中提到："北大红楼和丰泽园在党的历史上都具有标志性意义，生动诠释了中国共产党是怎么来的、中华人民共和国是怎么来的，给我们上了一堂鲜活而又生动的党史课。"

2021年6月18日习近平在参观"'不忘初心、牢记使命'中国共产党历史展览"时的讲话提到:"党的历史是最生动、最有说服力的教科书。我们党的一百年,是矢志践行初心使命的一百年,是筚路蓝缕奠基立业的一百年,是创造辉煌开辟未来的一百年。回望过往的奋斗路,眺望前方的奋进路,必须把党的历史学习好、总结好,把党的宝贵经验传承好、发扬好,铭记奋斗历程,担当历史使命,从党的奋斗历史中汲取前进力量。要教育引导广大党员、干部通过参观学习,更加自觉地不忘初心、牢记使命,增强'四个意识',坚定'四个自信',始终在思想上政治上行动上同党中央保持高度一致,坚定理想信念,学好用好党的创新理论,赓续红色血脉,发扬光荣传统,发挥先锋模范作用,团结带领全国各族人民,更好立足新发展阶段、贯彻新发展理念、构建新发展格局,全面做好改革发展稳定各项工作,汇聚起全面建设社会主义现代化国家、实现中华民族伟大复兴中国梦的磅礴力量。"

(三)铭记于心:老区和老区人民为我们党领导的中国革命作出了重大牺牲和贡献,我们要永远珍惜、永远铭记

2015年习近平总书记在陕西延安提出:"我们要实现第一个百年目标,全面建成小康社会,没有老区的全面小康,没有老区贫困人口脱贫致富,那是不完整的。各级党委和政府要增强使命感和责任感,把老区发展和老区人民生活改善时刻放在心上,加大投入支持力度。"

2016年习近平总书记在大湾村考察脱贫工作时提到"无论是革命战争年代还是改革开放新时期,老区人民为党和国家作出了巨大贡献。老区人民对党无限忠诚、无比热爱。老区精神积淀着红色基因。在今天奔小康的路上,老区人民同样展现出了强烈的奉献奋斗精神。经过数十年发展,老区建设取得了很大成绩。但是,放在全国范围内横向比较还有不小差距。党中央高度重视老少边穷地区尤其是集中连片贫困地区的扶贫工作,要通过实施精准扶贫,确保2020年实现全面建成小康社会目标是过硬的。"

2017年6月,习近平总书记同当年在晋绥边区参加对敌斗争的老战士

们亲切交谈。习近平强调："人民群众对美好生活的向往就是我们奋斗的目标。现在党中央就是要带领大家一心一意脱贫致富，让人民生活越过越好。"习近平指出，我们党干革命、搞建设、抓改革，都是为了让人民过上幸福生活。推出的每件民生实事都要一抓到底，一件接着一件办，一年接着一年干。要坚持把解决好农业、农村、农民问题作为全党工作重中之重。

2019 年，习近平在江西考察时说："脱贫攻坚已经进入决胜的关键阶段，各地区各部门要加把劲，着力解决好'两不愁三保障'突出问题，让老区人民过上幸福生活。"

2021 年 6 月 25 日习近平在十九届中央政治局第三十一次集体学习时的讲话提到"红色是中国共产党、中华人民共和国最鲜亮的底色，在我国 960 多万平方公里的广袤大地上红色资源星罗棋布，在我们党团结带领中国人民进行百年奋斗的伟大历程中红色血脉代代相传。每一个历史事件、每一位革命英雄、每一种革命精神、每一件革命文物，都代表着我们党走过的光辉历程、取得的重大成就，展现了我们党的梦想和追求、情怀和担当、牺牲和奉献，汇聚成我们党的红色血脉。"

2013 年江西井冈山市彩票公益金资助项目——古城村干渠修复（林海供图）

（四）传承发扬：沂蒙精神、延安精神、井冈山精神、西柏坡精神是党和国家的宝贵精神财富，要不断结合新的时代条件发扬光大

2013 年习近平总书记在山东调研时提出"让老区人民过上好日子，是我们党的庄严承诺，各级党委和政府要继续加大对革命老区的支持，形成促进革命老区加快发展的强大合力"。

2016 年习近平总书记在江西井冈山看望广大干部群众时指出"我们要向革命先烈表示崇高的敬意，我们永远怀念他们、牢记他们，传承好他们的红色基因"。

2016 年习近平辗转到达大别山区金寨县，在讲话中提到"我们要沿着革命前辈的足迹继续前行，把红色江山世世代代传下去。革命传统教育要从娃娃抓起，既注重知识灌输，又加强情感培育，使红色基因渗进血液、浸入心扉，引导广大青少年树立正确的世界观、人生观、价值观"。

2016 年习近平总书记在宁夏考察时同样提出"我们要铭记革命历史、传承革命传统，并用以教育广大干部群众，教育一代又一代青年"。

2012 年安徽金寨县彩票公益金资助项目——河沙路、荫凉坳路（林海供图）

2017 年 10 月 31 日在瞻仰上海中共一大会址和浙江嘉兴南湖红船时习近平总书记的讲话提到"我们全体中央政治局常委同志这次集体出行，目的是回顾我们党的光辉历程特别是建党时的历史，进行革命传统教育，学习革命先辈的崇高精神，明确肩负的重大责任，增强为实现党的十九大提出的

目标任务而奋斗的责任感和使命感"。

2018年，习近平得知陕西照金的孩子们学习生活环境改善时，寄语他们"用实际行动把红色基因一代代传下去"。

2019年，习近平在甘肃考察时谈到"新中国是无数革命先烈用鲜血和生命铸就的。要深刻认识红色政权来之不易，新中国来之不易，中国特色社会主义来之不易。西路军不畏艰险、浴血奋战的英雄主义气概，为党为人民英勇献身的精神，同长征精神一脉相承，是中国共产党人红色基因和中华民族宝贵精神财富的重要组成部分。我们要讲好党的故事，讲好红军的故事，讲好西路军的故事，把红色基因传承好"。

2019年习近平总书记在河南考察时提到"要讲好党的故事、革命的故事、根据地的故事、英雄和烈士的故事，加强革命传统教育、爱国主义教育、青少年思想道德教育，把红色基因传承好，确保红色江山永不变色"。

2020年5月12日习近平在山西考察工作结束时的讲话提到"山西也是具有光荣革命传统的地方，是八路军总部所在地，是抗日战争主战场之一，建立了晋绥、晋察冀、晋冀鲁豫抗日根据地，平型关大捷、百团大战等闻名中外，太行精神、吕梁精神是我们党宝贵的精神财富。这些都要充分挖掘和利用，以丰富多彩的历史文化、红色文化资源为山西发展提供精神力量"。

2020年6月10日习近平在宁夏考察工作结束时的讲话提到"红军长征在宁夏留下了弥足珍贵的红色记忆，要用这些红色资源教育党员、干部传承红色基因、走好新时代长征路"。

2020年7月24日习近平在吉林考察工作结束时的讲话提到"吉林有着光荣的革命传统……要把这些红色资源作为坚定理想信念、加强党性修养的生动教材，组织广大党员、干部深入学习党史、新中国史、改革开放史、社会主义发展史，教育引导广大党员、干部永葆初心、永担使命，自觉在思想上政治上行动上同党中央保持高度一致，矢志不渝为实现中华民族伟大复兴而奋斗"。

2020 年 9 月 18 日习近平在湖南考察工作结束时的讲话提到"大批共产党人在湖南这片热土谱写了感天动地的英雄壮歌。要教育引导广大党员、干部发扬革命传统，传承红色基因，牢记初心使命，走好新时代长征路"。

二、党的十八大以来中央与地方出台的关于革命老区发展的主要政策

党的十八大以来，中央与地方政府出台了多个与革命老区发展相关的政策，总体上是随着国家扶贫与乡村振兴政策逐步展开的，政策出台越发密集。

中央出台的政策具体包括：1 个总体指导意见——《关于加大脱贫攻坚力度支持革命老区开发建设的指导意见》；4 个重点革命老区振兴发展规划：《赣闽粤原中央苏区振兴发展规划》《左右江革命老区振兴规划》《大别山革命老区振兴发展规划》《川陕革命老区振兴发展规划》。

随着 2020 年底脱贫攻坚目标任务如期全面完成，为助力革命老区巩固拓展脱贫攻坚成果，2021 年 1 月，《国务院关于新时代支持革命老区振兴发展的意见》（国发〔2021〕3 号）出台，成为新发展阶段特别是"十四五"时期支持全国革命老区振兴发展的纲领性文件，并同时针对"十四五"的目标任务，提出一批支持革命老区振兴发展的新政策。主要包括 2021 年 11 月的《"十四五"特殊类型地区振兴发展规划》《"十四五"支持革命老区巩固拓展脱贫攻坚成果衔接推进乡村振兴实施方案》等政策以及各省级实施方案。截至 2022 年 12 月底，2/3 以上老区省份出台了

《国务院关于新时代支持革命老区振兴发展的意见》的实施意见。不少省份还用立法的方式确保老区振兴落地落实，老区发展法治护航步伐进一步加速。

以下是党的十八大以后相关政策的简要介绍。

1. 2014 年 3 月 18 日，国函〔2014〕32 号《赣闽粤原中央苏区振兴发展规划》的批复

批复要求，江西、福建、广东省人民政府要切实加强对《规划》实施的组织领导，完善工作机制，落实工作责任，制定实施意见和具体工作方案，推进重点领域改革和体制机制创新，确保《规划》确定的目标任务如期实现。重要政策和重大建设项目要按规定程序报批。

2. 2015 年 2 月 16 日，国函〔2015〕21 号《左右江革命老区振兴规划》的批复

批复要求，广西壮族自治区、贵州省、云南省人民政府要加强对《规划》实施的组织领导，建立健全协调机制，按照《规划》确定的功能定位、空间布局和发展重点，制定分解落实方案，推动《规划》实施，切实把各项目标任务落到实处。《规划》实施中涉及的重要政策和重大建设项目要按规定程序报批。

3. 2015 年 6 月 15 日，发改地区〔2015〕1400 号《大别山革命老区振兴发展规划》

规划要求：安徽、河南、湖北省人民政府和国务院有关部门要认真贯彻落实《国务院关于大别山革命老区振兴发展规划的批复》（国函〔2015〕91 号）精神，大力弘扬革命老区精神，奋力攻坚克难，努力把大别山革命老区建设成为欠发达地区科学发展示范区、全国重要的粮食和特色农产品生产加工基地、长江和淮河中下游地区重要的生态安全屏障、全国重要的旅游目的地。

4．2015 年 12 月 23 日，中办发〔2015〕64 号《关于加大脱贫攻坚力度支持革命老区的开发建设的指导意见》

总体要求：全面贯彻落实党的十八大和十八届三中、四中、五中全会精神，以邓小平理论、"三个代表"重要思想、科学发展观为指导，深入贯彻习近平总书记系列重要讲话精神，坚持"四个全面"战略布局，按照党中央、国务院决策部署，以改变老区发展面貌为目标，以贫困老区为重点，更加注重改革创新、更加注重统筹协调、更加注重生态文明建设、更加注重开发开放、更加注重共建共享发展，进一步加大扶持力度，实施精准扶贫、精准脱贫，着力破解区域发展瓶颈制约，着力解决民生领域突出困难和问题，着力增强自我发展能力，着力提升对内对外开放水平，推动老区全面建成小康社会，让老区人民共享改革发展成果。到 2020 年，老区基础设施建设取得积极进展，特色优势产业发展壮大，生态环境质量明显改善，城乡居民人均可支配收入增长幅度高于全国平均水平，基本公共服务主要领域指标接近全国平均水平，确保我国现行标准下农村贫困人口实现脱贫，贫困县全部摘帽，解决区域性整体贫困。

工作重点：按照区别对待、精准施策的原则，以重点区域、重点人群、重点领域为突破口，加大脱贫攻坚力度，带动老区全面振兴发展。（一）以支持贫困老区为重点，全面加快老区小康建设进程；（二）以扶持困难群体为重点，全面增进老区人民福祉；（三）集中解决突出问题为重点，全面推动老区开发开放。

主要任务：（一）加快重大基础设施建设，尽快破解发展瓶颈制约；（二）积极有序开发优势资源，切实发挥辐射带动效应；（三）着力培育壮大特色产业，不断增强"造血"功能；（四）切实保护生态环境，着力打造永续发展的美丽老区；（五）全力推进民生改善，大幅提升基本公共服务水平；（六）大力促进转移就业，全面增强群众增收致富能力；（七）深入实施精准扶贫，加快推进贫困人口脱贫；（八）积极创新体制机制，加快构建开放型经济新格局。

支持政策：（一）加强规划引导和重大项目建设；（二）持续加大资金投入；（三）强化土地政策保障；（四）完善资源开发与生态补偿政策；（五）提高优抚对象优待抚恤标准；（六）促进干部人才交流和对口帮扶。

5. 2016 年 8 月 3 日，国函〔2016〕120 号《川陕革命老区振兴发展规划》

规划要求，深入贯彻习近平总书记系列重要讲话精神，认真落实党中央、国务院决策部署，按照"五位一体"总体布局和"四个全面"战略布局，牢固树立和贯彻落实创新、协调、绿色、开放、共享的新发展理念，紧紧抓住推进"一带一路"建设与长江经济带发展的重大机遇，推进结构性改革尤其是供给侧结构性改革，坚持发展第一要务，坚持区域开发与精准扶贫相结合，坚持内生发展与对外开放相结合，着力破解基础设施瓶颈制约，协同推进新型工业化、信息化、城镇化、农业现代化和绿色化，提升基本公共服务能力，加强生态文明建设，创新体制机制，坚决打赢脱贫攻坚战，确保川陕革命老区人民与全国人民同步进入全面小康社会。

6. 2021 年 1 月 24 日，国发〔2021〕3 号《国务院关于新时代支持革命老区振兴发展的意见》

意见要求：以习近平新时代中国特色社会主义思想为指导，全面贯彻党的十九大和十九届二中、三中、四中、五中全会精神，坚持和加强党的全面领导，坚持以人民为中心，立足新发展阶段、贯彻新发展理念、构建新发展格局、推动高质量发展，巩固拓展脱贫攻坚成果，激发内生动力，发挥比较优势，努力走出一条新时代振兴发展新路，把革命老区建设得更好，让革命老区人民过上更好生活，逐步实现共同富裕。

主要目标：到 2025 年，革命老区脱贫攻坚成果全面巩固拓展，乡村振兴和新型城镇化建设取得明显进展，基础设施和基本公共服务进一步改善，居民收入增长幅度高于全国平均水平，对内对外开放合作水平显著提高，红色文化影响力明显增强，生态环境质量持续改善。到 2035 年，革命老区与全国同步基本实现社会主义现代化，现代化经济体系基本形成，居民收入水平显著提升，基本公共服务实现均等化，人民生活更加美好，形成红色文化繁荣、生态环境优美、基础设施完善、产业发展兴旺、居民生活幸福、社会和谐稳定的发展新局面。

7. 2021 年 3 月 29 日，冀政字〔2021〕12 号《关于新时代支持重点革命老区振兴发展的实施意见》

主要目标：到 2025 年，太行革命老区乡村振兴和新型城镇化建设取得明显进展，基础设施和基本公共服务进一步改善，地区生产总值年均增长 6% 以上，常住人口城镇化率达到 60% 以上，居民人均可支配收入年均增长 6% 以上，对内对外开放合作水平显著提高，红色文化影响力明显增强，城乡人居环境更加优美，生态环境质量和生态服务功能显著增强。到 2035 年，太行革命老区与全国同步基本实现社会主义现代化，现代化经济体系基本形成，居民收入水平显著提升，基本公共服务实现均等化，人民生活更加美好。

8. 2021 年 4 月 21 日，《关于新时代进一步推动江西革命老区振兴发展的实施意见》

意见提出，要全面实施乡村振兴战略；夯实高质量发展基础；增强内生发展动力；筑牢绿色生态屏障；增进老区人民福祉；推进传承红色基因；完善政策保障体系；强化组织实施。

9. 2021 年 7 月 2 日，甘政发〔2021〕54 号《甘肃省人民政府关于新时代支持革命老区振兴发展的实施意见》

意见提出，到 2025 年，革命老区脱贫攻坚成果全面巩固拓展，乡村振兴和新型城镇化建设取得明显进展，基础设施和基本公共服务进一步改善，地区生产总值年均增长 7% 以上，常住人口城镇化率达到 50% 以上，居民人均可支配收入年均增长 7% 以上，居民收入增长幅度高于全国平均水平，人均水平与全国差距进一步缩小，红色文化影响力明显增强，人民生活品质普遍改善。到 2035 年，革命老区与全国同步基本实现社会主义现代化，经济总量和城乡居民收入迈上更高台阶，基本公共服务实现均等化，城乡区域发展更加协调，人民生活更加美好，形成红色文化繁荣、生态环境优美、基础设施完善、产业发展兴旺、居民生活幸福、社会和谐稳定的发展新局面。

10. 2021 年 7 月 30 日，浙政发〔2021〕23 号《浙江省人民政府关于新时代支持浙西南等革命老区振兴发展的实施意见》

意见提出，以习近平新时代中国特色社会主义思想为指导，深入贯彻落实党中央、国务院关于支持革命老区振兴发展的决策部署，围绕忠实践行"八八战略"、奋力打造"重要窗口"主题主线，立足新发展阶段、贯彻新发展理念、构建新发展格局，加快推动浙西南等革命老区跨越式高质量发展，实施做大产业扩大税源行动和提升居民收入富民行动，努力走出一条新时代振兴发展的新路子，为全省高质量发展建设共同富裕示范区筑牢扎实基础，努力打造全国革命老区振兴发展的重要窗口。重点支持国家明确纳入浙西南革命老区规划范围的丽水市全域和永嘉县、文成县、平阳县、泰顺县、苍南县等 5 个革命老区县，以及我省山区 26 县范围内的淳安县、武义县、开化县、仙居县等 4 个革命老区县。到 2025 年，革命老区乡村振兴和新型城镇化建设取得明显进展，常住人口城镇化率总体达到 65%；基础设施和基本公共服务进一步改善，教育现代化指数超过 70，每千人口拥有执业（助理）医师数接近全省平均水平，基本实现乡镇通三级公路；居民收入增长幅度高于全省平均水平，城乡收入比缩小到 1.9 以内，低收入农户人均可支配收入年均增长 10% 以上；红色文化影响力明显增强，生态环境质量持续改善，打通绿水青山就是金山银山转化通道的浙江方案初步形成。到 2035 年，跨越式高质量发展取得系统性成果，革命老区与全省同步基本实现高水平现代化。

11．2021 年 8 月 9 日，延边州人民政府办公室印发《延边州贯彻落实〈国务院关于新时代支持革命老区振兴发展的意见〉的实施方案》

到 2025 年，延边革命老区脱贫攻坚成果全面巩固，乡村振兴和新型城镇化建设取得明显进展，基础设施和基本公共服务进一步改善，居民收入增长幅度高于全国平均水平，改革开放取得新成效，红色文化影响力明显增强，生态环境质量持续改善。到 2035 年，延边革命老区与全国同步基本实现社会主义现代化，经济实力显著增强，居民收入水平显著提升，基本公共服务实现均等化，生态服务功能更加健全，人民生活更加美好。形成红色文化繁荣、生态环境优美、基础设施完善、产业兴旺发达、群众生活幸福安康、民族团结、边疆稳固、社会和谐的发展新局面。

12．2021 年 8 月 10 日，皖政办秘〔2021〕78 号《关于新时代支持大别山革命老区振兴发展的实施意见》

意见提出：实现巩固拓展脱贫攻坚成果同乡村振兴有效衔接；大力发展特色优势产业；全面提升创新能力；加强基础设施建设；完善城镇化空间布局；补齐公共服务短板；促进绿色转型发展；深化高水平开放合作；加大政策扶持力度；强化组织保障。

13．2021 年 8 月 12 日，陕政发〔2021〕13 号《关于印发新时代支持革命老区振兴发展若干措施的通知》

意见提出到 2025 年，革命老区地区生产总值和居民人均可支配收入增速基本达到全省平均水平，老区内生发展动力显著提升，红色文化影响力明显增强，生态环境质量持续改善；到 2035 年，革命老区与全国同步基本实现社会主义现代化，逐步实现共同富裕。主要任务为：巩固拓展脱贫攻坚成果；完善基础设施网络；改善乡村生产生活条件；发展壮大特色产业；加快推进新型城镇化建设；加大改革创新力度；提升开放合作水平；提升公共服务质量；传承弘扬红色文化；推进绿色转型发展；加大生态保护修复；强化财政金融支持；加强土地要素保障；完善工作机制；实施差别化考核；凝聚工作合力。

14. 2021年8月12日，桂政办发〔2021〕84号《关于印发加快推进新时代广西左右江革命老区振兴发展三年行动计划（2021—2023年）的通知》

通知要求，以习近平新时代中国特色社会主义思想为指导，全面贯彻党的十九大和十九届二中、三中、四中、五中全会精神，深入学习贯彻落实习近平总书记对广西工作系列重要指示精神，按照"一年见成效、三年大变样"的总要求，计划用3年时间，加快建设一批事关老区振兴发展全局的重大项目，带动老区进一步激发振兴动力、提升核心竞争力，维护老区生态秀美的良好环境，持续增强老区人民群众获得感、幸福感，为全面建成活力老区、美丽老区、幸福老区、文化老区打下坚实基础。

15. 2021年8月25日，川府发〔2021〕17号《关于新时代支持革命老区振兴发展的实施意见》

意见提出到2025年，我省革命老区乡村振兴和新型城镇化建设取得明显进展，基础设施和基本公共服务进一步改善，居民人均可支配收入年均增幅高于全省平均水平，开放合作水平显著提高，生态环境质量进一步优化，红色文化影响力明显增强。到2035年，我省革命老区与全国全省同步基本实现社会主义现代化，现代化经济体系基本形成，居民收入水平显著提升，基本公共服务实现均等化，人民生活更加美好，形成红色文化繁荣、生态环境优美、基础设施完善、产业发展兴旺、居民生活幸福、社会和谐稳定的新局面。要求：推动实现巩固拓展脱贫攻坚成果同乡村振兴有效衔接；培育壮大特色优势产业；补齐基础设施和公共服务短板；弘扬传承红色文化；加强生态治理和环境保护；强化组织实施。

16. 2021年8月26日，津发改区域〔2021〕248号《关于印发新时代支持革命老区振兴发展的实施方案的通知》

通知提出主要任务为：帮扶工作向革命老区重点倾斜支持；助力革命

老区巩固拓展脱贫攻坚成果；支持革命老区全面推进乡村振兴。

17．2021 年 8 月 28 日，广东省委省政府印发《关于新时代支持革命老区和原中央苏区振兴发展的实施意见》

《意见》明确，2021—2025 年，省财政新增 210 亿元，助力老区苏区人民"喝好水、走好路、读好书"。提高专项财力补助标准，重点老区苏区补助标准提高至每县每年 5000 万元，其他老区提高至每县每年 2000 万元。对老区苏区中央预算内投资项目，按中央和省 1∶1 比例出资，其中重点老区苏区省以上资金不超过财政应出资额，其他老区按财政应出资额的 70% 控制。建立省直机关及有关单位对口支援老区苏区的机制，以人才培训、营商环境打造、产业和创新平台建设等为重点，对口支援重点老区苏区。

18．2021 年 8 月 30 日，贵州省发展和改革委员会印发《关于新时代支持革命老区振兴发展的实施方案》

《方案》明确，支持左右江革命老区加强与粤港澳大湾区协作，支持湘鄂渝黔革命老区对接长江经济带发展、成渝地区双城经济圈建设。同时，研究建立省市会商和市（州）际协商机制，及时协调推动左右江、湘鄂渝黔革命老区振兴发展重要事项。支持革命老区重点城市选派干部到中央单位挂职学习，与对口帮扶城市互派干部挂职交流。

19．2021 年 9 月 6 日，豫政〔2021〕27 号《关于新时代支持革命老区振兴发展的实施意见》

意见提出，到 2025 年，革命老区脱贫攻坚成果全面巩固拓展，乡村振兴和新型城镇化建设取得明显进展，基础设施和基本公共服务持续改善，居民收入增长幅度高于全省平均水平，红色文化影响力加快提高，生态环境质量进一步提升，高质量跨越式发展基础不断强化。到 2035 年，革命老区与全国、全省同步基本实现社会主义现代化，特色鲜明的现代产业体系基本形成，居民收入水平显著提高，基本公共服务实现均等化，人民生活更加美好，形成"红、绿、特"互促互进、相得益彰的高质量跨越式发展新局面。

20. 2021 年 9 月 28 日，琼府〔2021〕35 号《关于新时代支持琼崖革命老区振兴发展的实施意见》

意见提出，为支持海南琼崖革命老区（以下简称老区）在新发展阶段巩固拓展脱贫攻坚成果，在高质量高标准建设海南自由贸易港中发挥独特作用，让老区人民逐步过上更加富裕幸福的生活，根据《国务院关于新时代支持革命老区振兴发展的意见》（国发〔2021〕3 号）要求，提出实施意见。到 2025 年，老区脱贫攻坚成果全面巩固拓展，乡村振兴和新型城镇化建设取得明显进展，基础设施进一步改善，基本公共服务均等化基本实现，居民人均可支配收入增长高于全国平均水平，对内对外开放合作水平显著提高，红色文化影响力明显增强，生态环境质量持续改善。到 2035 年，老区与全国同步基本实现社会主义现代化，现代化经济体系基本形成，居民收入水平显著提升，人民生活更加美好。

21. 2021 年 10 月 17 日，鄂政发〔2021〕23 号《关于新时代支持革命老区振兴发展的实施意见》

意见提出要巩固拓展脱贫攻坚成果；保护和传承红色文化；培育壮大特色产业；构建现代化基础设施体系；提升公共服务能力；强化环境保护与资源利用。

22. 2021 年 10 月 25 日，鲁政发〔2021〕17 号《关于新时代支持沂蒙革命老区振兴发展的实施方案的通知》

通知提出：全面实施乡村振兴战略；加快新旧动能转换；推动老区绿色低碳发展；推动老区文化振兴；增进老区民生福祉；完善基础设施网络；健全政策支持体系。

23. 2021 年 11 月 9 日，晋政发〔2021〕36 号《关于新时代支持山西太行革命老区振兴发展的实施意见》

意见提出：为贯彻落实《国务院关于新时代支持革命老区振兴发展的

意见》（国发〔2021〕3号），支持山西省列入太行革命老区的35个县（市、区）在新发展阶段巩固拓展脱贫攻坚成果，开启社会主义现代化建设新征程，全面推动经济社会高质量发展，提出实施意见。到2025年，太行革命老区基础设施和公共服务体系更加完善，特色优势产业体系基本形成，红色文化影响力显著增强，太行山生态系统质量和稳定性进一步提升，实现巩固拓展脱贫攻坚成果同乡村振兴有效衔接，居民收入增长幅度高于全国平均水平。到2035年，太行革命老区与全省、全国同步基本实现社会主义现代化，特色优势产业规模不断壮大，建成环京津冀生态屏障，红色文化影响力更加广泛深入，人民群众获得感、幸福感、安全感更加充实。

24．2021年11月10日，渝府发〔2021〕36号《关于新时代推动革命老区振兴发展的实施意见》

意见提出：为深入贯彻落实党中央、国务院决策部署，按照《国务院关于新时代支持革命老区振兴发展的意见》（国发〔2021〕3号）要求，支持黔江区、涪陵区、城口县、石柱县、秀山县、酉阳县、彭水县等7个革命老区区县（自治县，以下统称革命老区）在新发展阶段巩固拓展脱贫攻坚成果，开启社会主义现代化建设新征程，让革命老区人民逐步过上更加富裕幸福的生活，提出实施意见。到2025年，革命老区脱贫攻坚成果全面巩固拓展，乡村振兴和新型城镇化建设取得明显进展，生态环境质量持续改善，基础设施和基本公共服务进一步完善，红色文化影响力明显增强，地区生产总值年均增长6%以上，常住人口城镇化率达到50%以上，居民人均可支配收入年均增长7%以上。到2035年，革命老区与全市一道基本实现社会主义现代化，经济总量和居民收入迈上新台阶，基本公共服务实现均等化，人民生活更加美好，形成红色文化繁荣、生态环境优美、基础设施完善、产业发展兴旺、居民生活幸福、社会和谐稳定的发展新局面。

25．2021 年 11 月 22 日，发改振兴〔2021〕1619 号《"十四五"支持革命老区巩固拓展脱贫攻坚成果衔接推进乡村振兴实施方案》

为贯彻落实党中央、国务院决策部署，国家发展改革委等 15 个部门联合印发了《"十四五"支持革命老区巩固拓展脱贫攻坚成果衔接推进乡村振兴实施方案》（以下简称《方案》），这是"十四五"时期支持革命老区巩固拓展脱贫攻坚成果衔接推进乡村振兴的行动指南，是新时代支持革命老区振兴发展"1+N+X"政策体系的重要组成，也是《"十四五"特殊类型地区振兴发展规划》的重要配套政策文件。

26．2021 年 11 月 29 日，宁政发〔2021〕30 号《自治区人民政府关于新时代支持革命老区振兴发展的实施意见》

革命老区是党和人民军队的根，是中国人民选择中国共产党的历史见证。为认真落实《国务院关于新时代支持革命老区振兴发展的意见》（国发〔2021〕3 号），支持包括吴忠、固原、中卫市和灵武市在内的宁夏回族自治区革命老区振兴发展，开启社会主义现代化建设新征程，结合实际，制定实施意见。到 2025 年，脱贫攻坚成果巩固拓展，乡村振兴全面推进，新型城镇化建设取得明显进展，基础设施和基本公共服务进一步改善，地区生产总值和居民收入增长幅度高于全区平均水平，红色文化影响力持续增强，生态环境质量持续改善，人民生活品质普遍提高。到 2035 年，与全国同步基本实现社会主义现代化，经济总量与居民收入迈上更高台阶，基本公共服务实现均等化，城乡区域发展更加协调，人民生活更加美好，形成红色文化繁荣、生态环境优美、基础设施完善、产业发展兴旺、居民生活幸福、社会和谐稳定的发展新局面。

27．2021 年 12 月 29 日，内发改振兴字〔2021〕1481 号《内蒙古自治区新时代支持促进革命老区振兴发展的若干措施（2021—2025 年）》

为深入贯彻习近平总书记关于革命老区振兴发展的重要讲话和重要指示批示精神，认真落实《国务院关于新时代支持革命老区振兴发展的意见》

（国发〔2021〕3号），结合内蒙古自治区实际，自治区发展和改革委员会、农牧厅、乡村振兴局联合制定了《内蒙古自治区新时代支持促进革命老区振兴发展的若干措施（2021—2025年）》。主要目标：到2025年，革命老区脱贫攻坚成果全面巩固拓展，交通、水利、能源、通讯等基础设施得到进一步改善，医疗卫生、教育、文化、社会保障等事关民生的基本公共服务能力得到显著提升，生态环境持续改善，红色文化得到繁荣发展。为2035年革命老区与国家同步基本实现现代化奠定坚实基础。主要任务：巩固脱贫攻坚成果，壮大特色优势产业，加强基础设施建设，推进生态环境修复，发展红色旅游，补齐公共服务短板。

28．2021年12月31日，云政发〔2021〕32号《云南省人民政府关于新时代支持左右江革命老区振兴发展的实施意见》

为贯彻落实《国务院关于新时代支持革命老区振兴发展的意见》（国发〔2021〕3号）精神，结合云南省左右江革命老区文山州实际，提出实施意见。到2025年，地区生产总值年均保持两位数增长，较"十三五"末翻番，乡村振兴和新型城镇化建设取得明显进展，产业体系基本形成，生态环境质量持续改善，基本公共服务实现新提升，对内对外开放合作水平显著提高，居民收入增幅高于全省平均水平。到2035年，地区生产总值较"十三五"末翻两番，与全国同步基本实现社会主义现代化。

29．2022年3月24日，闽政〔2022〕3号《关于印发新时代进一步推动福建革命老区振兴发展实施方案的通知》

为贯彻落实国务院《关于新时代支持革命老区振兴发展的意见》（国发〔2021〕3号），民政部、国家乡村振兴局《关于动员引导社会组织参与乡村振兴工作的通知》（民发〔2022〕11号），省政府《关于印发新时代进一步推动福建革命老区振兴发展实施方案的通知》（闽政〔2022〕3号）精神，进一步推动福建省革命老区在新发展阶段实现巩固拓展脱贫攻坚成果同乡村振兴有效衔接，实施乡村振兴战略，加快推进老区农业农村现代化，让革命老区人民过上更加富裕幸福的生活，结合民政工作实际，提出具体措施。在健全基本民生保障体系、健全幸福养老服务体系、健全基层社会治理体系、夯实民生社会发展基础、推动社会组织参与老区乡村振兴、保障措施等方面提出了具体要求。

30．2022年6月7日，发改振兴〔2022〕766号《革命老区重点城市对口合作工作方案》

支持革命老区重点城市与东部地区部分城市建立对口合作机制，促进结对城市优势互补、互惠互利、共谋发展，支持革命老区巩固拓展脱贫攻坚成果，衔接推进乡村振兴和新型城镇化，激发内生动力和发展活力。

31．2022年7月26日，湘政办发〔2022〕39号《"十四五"支持革命老区振兴发展实施方案》

为贯彻落实《国务院关于新时代支持革命老区振兴发展的意见》（国发〔2021〕3号）和国家《"十四五"特殊类型地区振兴发展规划》，支持纳入国家12个革命老区规划范围的湖南省湘鄂渝黔、湘赣边革命老区（见附件，以下统称革命老区）在新发展阶段巩固拓展脱贫攻坚成果，开启社会主义现代化建设新征程，全面推动经济社会高质量发展，提出实施方案。到2025年，湘鄂渝黔、湘赣边革命老区脱贫攻坚成果全面巩固，乡村振兴战略全面推进，新型城镇化建设取得明显进展，现代基础设施体系更加完善，公共服务均等化水平明显提高，居民收入水平与经济发展同步增长，改革开放更加深入，对内对外开放合作水平显著提高，红色文化资源得到充分挖掘和保护，红色文化影响力明显增强，重点环境问题得到有效整治，生态环境质量持续改善。

32．2022年9月15日，沪府发〔2022〕10号《上海市人民政府关于新时代支持革命老区振兴发展的实施意见》

为进一步贯彻《国务院关于新时代支持革命老区振兴发展的意见》（国

发〔2021〕3 号），按照国家发展改革委印发的《革命老区重点城市对口合作工作方案》（发改振兴〔2022〕766 号）要求，福建省三明市、安徽省六安市为上海对口合作地区。结合实际，提出新时代支持革命老区振兴发展的实施意见。力争到 2030 年，在红色文化传承、乡村振兴和新型城镇化、基础设施和基本公共服务、生态环境保护修复和绿色低碳发展、产业合作平台共建、双向交流合作等方面取得一批阶段性成果，推动实施一批引领性合作项目，建立一套优势互补、互惠互利的对口合作政策体系和保障措施，探索形成示范性对口合作经验做法，同对口合作地区携手打造新时代对口合作典范，把革命老区建设得更好，让老区人民过上更好生活。

33．2022 年 11 月 15 日，苏政办发〔2022〕80 号《关于支持革命老区相对薄弱乡镇振兴发展促进共同富裕的若干措施》

为深入贯彻习近平总书记关于加快革命老区发展的重要指示精神，全面落实党的二十大关于支持革命老区加快发展、着力促进全体人民共同富裕的决策部署，按照《国务院关于新时代支持革命老区振兴发展的意见》（国发〔2021〕3 号）和国家发展改革委等 15 个部委办制定的《"十四五"支持革命老区巩固脱贫攻坚成果衔接推进乡村振兴实施方案》（发改振兴〔2021〕1619 号）要求，推广黄桥茅山、刘老庄、黄花塘和郭村等革命老区帮扶政策经验，支持江苏省革命老区相对薄弱乡镇振兴发展，促进共同富裕，提出相应工作措施。到 2025 年，29 个革命老区相对薄弱乡镇乡村振兴和新型城镇化建设取得明显进展，基础设施和基本公共服务进一步改善，乡村面貌发生显著变化，农村居民人均可支配收入增长幅度高于全省平均水平，红色文化影响力明显增强，生态环境质量持续改善。到 2035 年，革命老区相对薄弱乡镇群众生活品质显著提升，与全省同步率先基本实现社会主义现代化。

中篇

革命老区十年巨变

一、全国革命老区的总体巨变

党的十八大以来，在习近平新时代中国特色社会主义思想的引领下，在广大老区干部和群众的辛苦努力下，革命老区经济社会等方面取得了重大的成就、发生了巨大变化。

（一）经济发展成就

近年来，全国经济增长幅度最大的 10 个省份，都是老区省份，全国百强县中老区县占比始终保持在 75% 以上。2020 年底，357 个贫困老区县全部摘掉贫困帽子，实现了"老区苏区一个不能少"的庄严承诺。

1. 革命老区地区生产总值

革命老区生产总值快速上涨，且经济结构日渐优化。2013 年革命老区地区生产总值总数 21.27 万亿元，其中第一产业增加值 2.86 万亿元，占生产总值 13.47%；第二产业增加值 11.17 万亿元，占生产总值 52.53%；第三产业增加值 7.24 亿元，占生产总值 34%。此后，地区生产总值逐年增加，第一产业增加值均随之增加，2013—2018 年第二产业增加值升高，2018 年后逐渐保持稳定；第一产业增加值占生产总值比例基本不变，而第二产业增加值占生产总值比例呈缓慢下降趋势。截至 2020 年，地区生产总值总数 35.13 万亿元，其中第一产业增加值 4.42 万亿元，占生产总值 12.60%；第二产业增加值 14.70 万亿元，占生产总值 41.84%；第三产业增加值 16.01 亿元，占生产总值 45.56%。与 2013 年相比，2020 年革命老区地区生产总值增加 65.16%，生产结构由第二产业为主，调整到第二、第三产业并重。

与此同时，全国 2013 年国内生产总值约为 59.30 万亿元，三次产业增加值分别为 5.30 万亿元、26.20 万亿元和 27.80 万亿元，分别占比 8.94%、44.18% 和 46.88%；2020 年国内生产总值为 101.36 万亿元，三次产业增加值分别为 7.80 万亿元、38.36 万亿元和 55.20 万亿元，分别占比 7.70%、37.84% 和 54.46%。第一产业增加值占比和第二产业增加值占比略有下降，

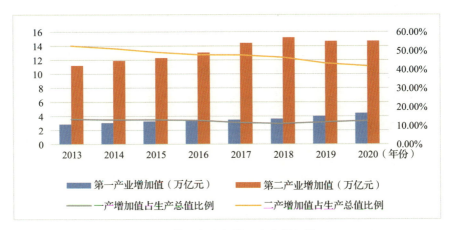

图 1　第一产业与第二产业增加值

数据来源：根据中国县域统计年鉴整理（县级生产总值2013年起统计）

第一产业增加值占比由 2013 年的 8.94% 下降至 2020 年的 7.70%，第二产业增加值占比由 2013 年的 44.18% 下降至 37.84%，第三产业增加值呈现不断上升的趋势，其由 2013 年的 46.88% 上升至 2020 年的 54.46%。与 2013 年相比，2020 年全国地区生产总值增加 70.93%，生产结构由第二、第三产业并重，调整到第三产业占据主导地位。

由此可见，尽管革命老区的经济发展迅速，但是与全国情况相比还存在着一定的差距。首先，革命老区 2013 年到 2020 年的地区生产总值增速 65.16%，小于同期全国增速 70.93%。此外，革命老区县第一产业增加值占生产总值的比例较高，产业结构调整相对较慢，2012 年至 2020 年间，全国第一产业增加值占比均低于 10%，革命老区县的第一产业增加值占比尽管有下降的趋势，但在 2013 年至 2020 年间占比均高于 10%，农业仍旧在革命老区经济发展中占据较为重要的地位。

2．革命老区一般公共预算收支

一般公共预算收入及支出，是对以税收为主体的财政收入，安排用于保障和改善民生、推动经济社会发展、维护国家安全、维持国家机构正常运转等方面的收支预算，一般公共预算收支的关系反映着一国在公共基础建设

的能力与水平。2012 年至 2020 年，革命老区的一般公共预算收入和支出均
呈现增长的趋势。2012 年，革命老区一般公共预算收入为 1.14 万亿元，一
般公共预算支出为 2.59 万亿元；2020 年一般公共预算收入为 2.24 万亿元，
一般公共预算支出为 6.12 万亿元。

图 2　一般公共预算收入与支出

数据来源：根据《中国县域统计年鉴》整理

　　根据《中国县域统计年鉴》整理，2012 年至 2020 年全国县级一般公共
预算收入总额由 1.87 万亿元上升至 2020 年的 3.15 万元；县级一般公共预算
支出总额由 4.47 万亿元上升至 2020 年的 9.39 万亿元。2012 年至 2020 年，
全国县级一般公共预算收入增长约 68.83%，年均增长约 6.76%；全国县级
一般公共预算收入增长约 109.81%，年均增长约 9.71%。

　　随着革命老区经济向好向善发展，一般公共预算收入保持逐年稳定增
加。2012 年到 2020 年，革命老区的一般公共预算收入增长约 96.58%，年均
增长约 8.82%；一般公共预算支出增长约 135.86%，年均增长约 11.32%。革
命老区一般公共预算收入与支出都比全国县级总额更快速度、更大幅度地增
加，预算收入相对速度更快，代表着与全国县级财政相比，革命老区财政实
力正逐渐变强，资源配置的经济效率提高，向着经济稳定发展目标靠近。

3. 革命老区产业就业人员

　　在 2013—2019 年间，我国所有革命老区的第二、第三产业从业人员数

量总体呈上升趋势，第二产业从业人员总体增加 1000 万人以上，第三产业从业人员总体增加 2000 万人以上，第三产业从业人员增速较第二产业快。由此可以看出，我国革命老区的制造业和服务业有了较大发展，第二第三产业从业人员占比从 2013 年的 27.80% 增加到最高的 32.40%。在 2017 年之后，革命老区第二、第三产业从业人员均有所下降。结合户籍总人口逐年上升这一特征分析，第二产业从业人员下降幅度加大的原因是全国性的，例如，时代在发展，有了更多的就业的选择，相较于第二产业更具优势；生产率提升，规模化生产日益普及，工业机器人应用，从业者需求数量减少；产能过剩明显等。

图 3　产业从业人员

数据来源：根据《中国县域统计年鉴》整理。

根据国家统计局数据，2012 年至 2020 年全国就业人员总量有下降的趋势，由 2012 年的 76254 万人下降至 2020 年的 75064 万人；第一产业就业人员和第二产业就业人员有下降的趋势，第三产业就业人员有上升的趋势。2012 年至 2020 年间，全国第一产业就业人员由 25535 万人下降至 17715 万人，下降约 30.62%，年均下降 4.47%；第三产业就业人员由 27493 万人上升至 35806 万人，上升约 30.24%，年均上升约 3.36%。

与国家层面相比，革命老区的第二产业与第三产业就业人员仍旧有一定的差距。根据国家统计局数据，2012 年全国三次产业就业人员占比分别为 33.49%、30.46% 和 36.05%；2020 年，全国三次产业就业人员占比分别为 23.23%、28.25% 和 46.96%，而革命老区的第二、第三产业的就业人员占户籍人口的比例均低于 20%，主要以从事第一产业为主，也与上文所述革命老区产业结构相符，同时也说明，革命老区未来产业与劳动力转移潜力比较大。

4. 粮食、油料和肉类产量

2012—2016 年间，我国革命老区的粮食、油料和肉类产量整体呈增长趋势，第二、第三产业快速发展的同时，第一产业同步跟进。粮食产量从 2.55 亿吨增长到 3.15 亿吨，肉类产量从 4946 万吨增长到 5234 万吨，说明我国革命老区的农业生产水平有了稳步提升。2012—2020 年九年间，油料产量波动增长，由 2012 年的 1877 万吨增长到 2020 年的 2082 万吨。

图 4　革命老区粮、油和肉产量（2016 年以后无分县粮、肉产量统计）

数据来源：根据《中国县域统计年鉴》整理

根据国家统计局数据，2012—2020 年间全国粮食产量呈现上升的趋势，粮食产量由 2012 年的 61222 万吨上升至 2020 年的 66949 万吨，增幅约 9.35%，年均增长约 1.12%。其中，革命老区的粮食产量占全国粮食产量很大比重，在 2012 年占比约 41.65%，在 2016 年上升至 47.69%；油料占比较为稳定，2012 年至 2020 年间稳定在 60% 左右；肉类产量占比略有上升的趋势，由 2012 年的 58.38% 上升至 2020 年的 60.66%。由此可见，尽管革命老区的第二第三产业相对全国而言有一定差距，但是其作为第一产业的粮油肉产量在全国占有重要比重，其对维护国家的粮食安全有重要的作用。

5. 工业企业数量与产值

2012—2020 年九年间，我国革命老区规模以上工业企业单位数总体呈增长态势，从 146655 个增长到 185803 个，涨幅超 26.69%，其中 2012—2015 年规模以上工业企业单位数快速增加，2016 年和 2017 年增速放缓，随后 2020 年快速增加，超过 2017 年下降拐点的数量。2012—2016 年五年间，革命老区规模以上工业总产值快速增长，五年总增幅达 49%。工业增加值是工业企业生产过程中新增加的价值，与各部门增加值共同构成地区／国内生产总值（GDP）。2013 年至 2016 年，革命老区的规模以上工业总产值由 318439 亿元上升至 2016 年的 475473 亿元，增幅约 49.31%，年均增长 9.15%。规模以上工业总产值的增长有利于提高我国革命老区的 GDP，促进革命老区的经济发展规模和质量，为革命老区注入新的生机和力量。

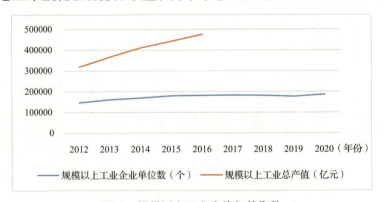

图 5　规模以上工业产值与单位数

数据来源：根据《中国县域统计年鉴》整理

根据国家统计局数据，2016 年至 2020 年，全国工业企业单位数呈现波动增长的趋势，由 2012 年的 343769 家上升至 2020 年的 399375 家，上升幅度约 16.17%，年均增长约 1.90%。依据县域统计年鉴整理，革命老区的规模以上工业企业数量由 146655 家上升至 2020 年的 185803 家，上升幅度约为 26.69%，年均增长约 3%。依据国家统计局计算的规模以上的国家层面的工业企业数量，革命老区的规模以上工业企业数量占全国比重由 2012 年的 42.66% 上升至 2020 年的 46.52%；根据《中国县域统计年鉴》整理得出，革命老区的规模以上的工业企业数量占全国比重由 65.99% 上升至 74.63%，工业总产值占比由 65.34% 上升至 71.87%。革命老区的工业企业数量和工业企业产值在全国有重要地位。

（二）社会发展成就

1. 普通中学在校学生人数

2012 年至 2020 年间，我国革命老区普通中学在校学生数呈先减后增的趋势，在 2012 年至 2015 年间呈下降趋势，从 3124.2 万人降至 2887.1 万人，降幅近 7.6%，自 2016 年起人数逐年增加，2020 年较 2015 年增幅超 28.86%，较 2012 年增幅超 9.84%。

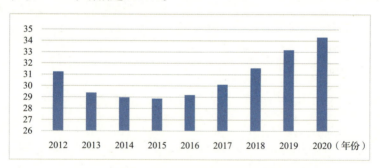

图 6 普通中学在校学生数（单位：百万人）

数据来源：根据《中国县域统计年鉴》整理

根据国家统计局数据，2012—2020 年间，全国普通中学在校人数呈现波动增长的趋势。2012 年至 2015 年普通中学在校人数呈现下降的趋势，由

7230.2 万人下降至 6686.4 万人，下降约 7.5%。2016 年至 2020 年呈现上升的趋势，由 2016 年的 6696 万人上升至 2020 年的 7408 万人，增长幅度约 10.64%。

2012 年至 2020 年间，革命老区的普通中学在校学生占全国比例呈现上升的趋势，由 2012 年的 43.20% 上升至 2020 年的 46.31%。一方面，革命老区落实教育设施的建设，如中学数量、教育教学环境、教学设施等；另一方面，革命老区人才建设成果显著，既及时减少了学生外地求学的趋势，也加强了师资力量建设。反过来看，在校学生也为当地经济的发展提供人才和智力支持。除此之外，经济的繁荣、社会的稳定是各级教育不断发展的基础，因此普通在校学生数在十年间的增长也说明，我国革命老区的经济建设和社会建设取得了显著的成果，使其能支撑教育向前发展。

2. 医疗卫生机构数量

2013—2020 年间，我国革命老区的医疗卫生机构床位数迅速增加，从 2013 年的 193.95 万床增至 2020 年的 326.20 万床，增幅为 68.19%，平均每年增加近 19 万床医疗卫生机构床位。从图中的趋势线与柱状图可以看出，革命老区近十年左右的医疗卫生机构的床位数保持较稳定的增速增长，持续增加，反映了革命老区近几年社会福利和医疗卫生基础设施建设的进步。

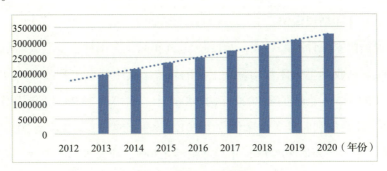

图 7 医疗机构床位数

数据来源：根据《中国县域统计年鉴》整理。

　　根据国家统计局数据，全国 2012 年至 2020 年医疗卫生机构床位数也呈现不断上升的趋势，由 2012 年的 572.48 万张上升至 2020 年的 910.07 万张，增幅为 58.97%，年均增长约 5.96%，革命老区的医疗卫生机构床位数上升速度超过全国水平。革命老区的医疗卫生机构床数占全国比例由 2013 年的 31.22% 上升至 2020 年的 35.84%，这有利于持续推进革命老区的基本公共服务均等化，与人民群众生活息息相关的教育、医疗卫生、文化和科技行业资产实现较快增长，有力地促进了各项事业的发展。

3. 社会福利机构数

　　2012 年至 2020 年，革命老区的各种社会福利收养性单位数和各种社会福利收养性单位床位数都呈上升趋势：社会福利收养性单位数从 2012 年的 19785 个增至 2020 年的 27467 个，增幅达 38.83%；社会福利收养性单位床位数从 2012 年的 1641029 床增至 2020 年的 2520010 床，增幅达 53.56%，社会福利收养性单位床位数的增速远超其单位数量的增速，因此每个社会福利收养性单位的平均拥有床位数增加，从 2012 年的每单位平均 82.94 床增至 2020 年的每单位平均 91.75 床，平均每个社会福利收养性单位床位数增加 9 至 10 床。单位数和床位数在 2017—2018 年之间均有不同幅度下降，而后又快速增加，超过 2017 年的起点数量。社会福利收养性单位数在 2013—2014 年以及 2018—2019 年两段时间内增速最快，床位数在 2012—2014 年增速最快。

　　根据国家统计局的数据，2012—2020 年间，全国社会福利收养单位数和社会福利收养单位床数均呈现上升的趋势。其中社会福利收养单位数由 2012 年的 31516 个增长至 2020 年的 39067 个，增幅达 23.96%，年均增幅约 2.72%。社会福利收养单位床位数由 2012 年的 2554772 床增长至 2020 年的 3576482 床，增幅达 39.99%，年均增幅约 4.30%。社会福利收养性单位床位数的增速超过单位数量的增速，2012 年至 2020 年间，平均每个社会福利收养单位的床数由 81.06 个上升至 91.54 个。

图8　社会福利机构数

数据来源：根据《中国县域统计年鉴》整理

　　革命老区县平均每个社会福利收养单位的床数由 2012 年的 82.94 床增至 2020 年的 91.75 床，与全国平均每个社会福利收养单位床数相比，革命老区在社会福利机构方面略超全国水平。这两类指标的增加，有利于解决革命老区的福利性收养等民生问题，增加福利养老育幼服务能力，优化养老育幼服务供给结构。

（三）典型案例

1. 湖南汝城县

　　汝城县是"半条被子"故事发生地，位于湘、粤、赣三省交界处，是国家扶贫开发工作重点县、罗霄山片区连片扶贫开发县。全县土地面积 2400.7 平方千米，辖 14 个乡镇 217 个村，总人口 42.3 万人，少数民族乡镇 3 个，少数民族 35 个（主要为瑶族、畲族）、人口 7.2 万人，共有贫困村 80 个，建档立卡贫困人口 19720 户 62872 人。

　　2020 年，习近平总书记来到汝城县考察调研。过去五年，三大攻坚战成效显著，汝城全县剩余 15253 户 41064 名贫困人口稳定脱贫，80 个贫困村全部出列，贫困发生率由 11.26% 成功"清零"。汝城严格执行河湖长制、禁捕退捕，完成166座小水电清理整顿，饮用水水质、出境断面水质连年100%达标。扬尘、油烟、工业废气有效控制，县域空气优良率保持在98.3%以上。推进土壤治理、生态修复、垃圾处置，完成人工造林6.63万亩、封山育林13.99万亩、森林抚育50.37万亩。通过筹资减存量，债务率下降132%，风险等级由"红"转"橙"，持续保持在债务风险预警"二类地区"。成功列入全国建制县政府隐性债务化解试点县，财政管理质量上升至全省第6位，跃居全国县级200强。[17]

汝城县沙洲村是红军长征突破国民党第二道封锁线的主战场，其红色旅游资源包括"半条被子"故事发生地徐解秀故居旧址。习近平在2016年纪念红军胜利80周年大会上重点讲述发生在沙洲村"半条被子"故事后，沙洲村百姓生活发生了翻天覆地的变化[18]。2018年，沙洲瑶族村实现整村脱贫。小小的沙洲瑶族村，仅2020年便接待游客超70万人次，几乎每个村民都会讲述"半条被子"的故事。这一年，村民人均可支配收入达到1.5万元，村集体收入达55万元。红色旅游、绿色山水、特色产业，在这里绘了一幅安居乐业的美好图景。"过去红军给了我们半条被子，现在党给我们带来了幸福日子。"朴实的话语道出了乡亲们的心声[19]。

图9 祠堂背（范林红住房边）至九工墟机耕道路面硬化施工前（1） 　图10 祠堂背（范林红住房边）至九工墟机耕道路面硬化施工前（2）

图 11　汝城县祠堂背至九工墟机耕道路　　图 12　汝城县祠堂背至九工墟机耕道路
面硬化及边沟砌修项目施工后（1）　　　面硬化及边沟砌修项目施工后（2）

图 13　受益群参与众祠堂背至九工墟机耕道路面硬化及边沟砌修项目

（图片来源：汝城县乡村振兴局）

2．重庆酉阳县

重庆市酉阳土家族苗族自治县地处渝黔湘鄂四省（市）边区接合部的武陵山腹地，是重庆市幅员面积最大、少数民族人口最多的革命老区县。南腰界是 1934 年贺龙、关向应率领红三军（红二军团）建立黔东特区的指挥中心和红二、六军团大会师之地。

过去五年，酉阳投入各类资金 81 亿元，行路难、吃水难、用电难、通信难、上学难、就医难问题得到历史性解决，"两不愁三保障"全面实现。全县 35532 户 153083 名贫困人口全部脱贫，130 个贫困村全部出列，如期退出国家扶贫开发工作重点县，彻底撕掉了绝对贫困标签。实施水土流失综合治理 31.3 平方千米，完成营造林 136.5 万亩，森林覆盖率提升到 63.65%，获评"全国绿化模范单位"。实施生态横向补偿 7.5 万亩，交易金额 1.9 亿元。主要污染物排放量、万元 GDP 能耗大幅下降，水环境质量保持全市前列，县城空气质量优良天数连续 5 年位居全市第一。政府性债务控制在限额以内，安全生产和自然灾害事故、死亡人数持续"双下降"，社会大局平安稳定。改扩建各类道路 4970 千米，行政村和村民小组通畅率分别达 100% 和 95%。建成污水处理厂（站）76 座、铺设污水管网 351.7 千米，实现集镇及 1000 人以上常住人口集聚点污水处理设施全覆盖。完成农村"一房五改"3.7 万户，实施农村宅基地复垦 1.3 万亩，改造农村户厕 2.4 万个，创建美丽庭院 3420 个 [20]。

　　酉阳土家族苗族自治县板溪镇山羊村以前是远近闻名的贫困村，2016 年以前村里交通闭塞，进村是一条 20 世纪 70 年代修的土路，村里 6 个小组之间没有公路。村里坡地多、土地贫瘠，种农作物成本高，大多数青壮年外出打工，大片田地无人耕种。2016 年扶贫工作队驻村，在对村里的资源进行摸底调查发现，这里古村落原貌保存较完整。包围着村子的群山上长满红叶，每到深秋，色彩斑斓。这里还有整片梯田以及流经古村的小溪。扶贫工作队一致认为，可以发展旅游业。经与村支两委商议，决定发展乡村旅游，整合全村房屋和田土、山林，统一包装打造。在扶贫工作队的带领下，山羊村开始探索发展集体经济 [21]。

　　如今山羊村已发展了 1000 亩稻渔养殖基地、500 亩脆红桃基地、1000 亩黄茶基地、1000 亩猕猴桃基地。山羊村依托山形水势，在山上修起了蜿蜒几千米的"赏红叶步道"，在山下的稻田旁也修起了观光步道。山羊村深处，幢幢土家特色民居保存完好，诉说着村寨的历史。山羊村还成立了乡村旅游专业合作社，探索农村"三变"改革，试行"村企联合、户企联营"新模式搞民宿接待。如今，古寨里有了十几家农家乐，赶上旅游旺季的时候，村民为了做好游客接待，得全家齐上阵，忙得不亦乐乎 [22]。

图 14　酉阳县板溪镇山羊村变化前（1）　图 15　酉阳县板溪镇山羊村变化后（1）
　　　　　　（谢刚均摄）　　　　　　　　　　　　（谢刚均摄）

图 16　酉阳县板溪镇山羊村变化前（2）　图 17　酉阳县板溪镇山羊村变化后（2）
　　　　　　（谢刚均摄）　　　　　　　　　　　　（谢刚均摄）

图 18　2012 年 7 月的重庆市酉阳县　　图 19　2022 年重庆市酉阳县城南
　　　　　城南一角　　　　　　　　　　　　　　对比图

图 20　2011 年的重庆市酉阳县　　　图 21　2012 年的重庆市酉阳县
　　　　龚滩镇红花村　　　　　　　　　　　　龚滩镇红花村

图 22　2020 年 5 月的重庆市酉阳县　　图 23　2020 年 5 月的重庆市酉阳县
　　　　龚滩镇红花村（1）　　　　　　　　　 龚滩镇红花村（2）

（图片来源：重庆市酉阳县乡村振兴局）

3. 广西龙胜县

　　龙胜各族自治县位于广西北部，全县辖 10 个乡镇 119 个行政村，总人口 17 万人，主要有苗、瑶、侗、壮、汉 5 个主体民族，有 95 个革命老区村。2015 年有贫困村 59 个，建档立卡贫困户 7680 户 29415 人，贫困发生率为 18.7%。2018 年全县脱贫摘帽，2020 年贫困发生率"清零"。

　　2021 年，龙胜各族自治县获得各级财政衔接推进乡村振兴补助资金 1.72 亿元、东西部协作帮扶资金 5855 万元、中央定点帮扶统筹中央和自治区林业政策资金 7560.65 万元，用于实施巩固脱贫攻坚短板项目。开发乡村振兴公益性岗位 1073 个、选聘生态护林员 3346 人，覆盖脱贫户 4419 户。县财政投入 1376.52 万元为脱贫人口代缴城乡居民医疗保险、养老保险，全县符合条件的脱贫人口和监测人口参保率达 100%。创建"福满金坑"田园综合体。乐江镇新型城镇化示范乡镇顺利通过验收，伟江乡新型城镇化示范乡镇建设加快推进。全县农村自来水普及率达 88.37%，卫生厕所普及率达 91.86%，乡镇污水处理设施覆盖率达 60%[23]。

龙胜坚持把推进生态乡村建设作为乡村振兴的重要路径，提升整治农村人居环境、生态环境，积极推进乡村生态宜居，打造美丽乡村，通过开展"三清三拆三微"、"两高两道"风貌提升、精品示范村打造等方式，成功整治了 928 个基本整治型村庄，完成"两高"沿线 1464 座房屋风貌改造任务，打造 10 个"两高"沿线精品示范村。2020 年与 2010 年相比，全县地区生产总值由 31.69 亿元增加到 60.40 亿元，年均增长 8.4%；固定资产投资年均增长 15.5%，组织财政收入质量不断提高；居民消费水平大幅提升，社会消费品零售总额由 4.89 亿元增加到 12.59 亿元，年均增长 9.1%。居民收入高于经济增长，城镇居民人均可支配收入由 17068 元增加到 36304 元，年均增长 8.3%；农村居民人均可支配收入由 4493 元增加到 13931 元，年均增长 12.0%。2017—2018 年连续两年被评为"广西科学发展先进县"[24]。

图 24 龙胜县平等镇变化前

图 25 龙胜县平等镇变化后

图 26 龙胜各族自治县伟江乡变化前   图 27 龙胜各族自治县伟江乡变化后

图 28 龙胜县城变化前   图 29 龙胜县城变化后

（图片来源：龙胜各族自治县乡村振兴局）

4. 安徽灵璧县

灵璧县位于淮北平原，北依徐州，南邻蚌埠，辖区总面积 2125 平方千米，辖 6 乡 13 镇和 1 个省级经济开发区，总人口 130 万人，耕地 181 万亩，2012 年被列为国家级重点贫困县。

在过去五年，灵璧县 73 个贫困村全部出列，现行标准下农村贫困人口全部脱贫，永久甩掉贫困县帽子，历史性解决绝对贫困问题。赵雅丽、张淑慧等一批脱贫典型受到中央电视台、新华社、人民网等主流媒体广泛关注，15 名帮扶干部获评全国、全省脱贫攻坚奖。将脱贫与乡村振兴衔接，加强扶贫资产监督管理，集体经济空壳村全部消除，年经营性收入 50 万元以上的村发展到 24 个。加快推进农村"双基"建设，修铺"四好农村路" 3814 千米，建成美丽乡村中心村 72 个，农村居民可支配收入由 2016

年的 9968 元增加到 2021 年的 15995 元，年均增长 9.7%。推进农村人居环境
整治，18 个乡镇污水处理厂建成运营，城乡生活垃圾无害化处理率达 98%，
高标准推动农村厕所革命，改造农村卫生厕所 58960 个，建成农村卫生公厕
1204 座，先后四次获批中央财政秸秆综合利用试点项目，畜禽养殖废弃物资
源化利用率达 95% 以上。获评安徽省卫生县城、第四届安徽省文明县城[25]。

图 30　北关村变化前（鲁兵摄）

图 31　北关村变化后（鲁兵摄）

图 32　灵城太平社区棚户区改造前
（鲁兵摄）

图 33　灵城太平社区改造后
（鲁兵摄）

图 34　西关城中村变化前（鲁兵摄）

图 35　西关城中村变化后（鲁兵摄）

（图片来源：安徽省灵璧县乡村振兴局）

5．安徽潜山市

潜山市是国家扶贫开发工作重点县、革命老区县、大别山集中连片特困地区片区县。全市总人口58.6万，建档立卡贫困村60个，贫困人口27881户87918人。

2019年，潜山市投资约8亿元实施农村公路扩面延伸工程1062千米，其中中央专项彩票公益金2000万元修建57.2千米，带动了产业发展，方便了群众的生产生活，受益户达2412户9682人，其中贫困户423户1725人。在中央专项彩票公益金的大力支持下，修通了一批产业路、富民路，助推了经济社会发展。

在过去五年中，潜山市整合投入各类扶贫资金98亿元，8.8万贫困人口全面脱贫，60个贫困村全部出列，"两不愁三保障一安全"整体实现，农村自来水普及率达96.4%，贫困群众迈上了脱贫致富的快车道。实施造林育林7.8万亩，香樟、梅花确定为市树、市花，逸品山庄石斛获评国家林下经济示范基地。河湖长制工作受省政府督查激励，林长制工作获省政府主要领导充分肯定[26]。

图36　黄铺村余花屋整治前（局部）　　图37　黄铺村余花屋整治后

图38 黄铺村南塘整治前   图39 黄铺村南塘整治后

（图片来源：安徽省潜山县乡村振兴局）

6 . 广西东兰县

东兰县属于典型"老、少、边、山、穷、库"地区，是滇桂黔石漠化片区、国家扶贫开发重点县、深度贫困县、革命老区县，辖 14 个乡镇 147 个行政村及 2 个社区，2014 年底农业户籍人口 285479 人。2015 年底全县精准识别建档立卡贫困人口 17195 户 66441 人，全县贫困发生率为 23.27%，贫困村 90 个。经过不懈努力，2016—2019 年共摘帽出列 71 个贫困村，脱贫 16690 户 66888 人，贫困发生率降至 1.66%，实现整县脱贫；2020 年实现贫困人口、贫困村"双清零"的脱贫攻坚目标。

2021 年出台《东兰县防止返贫动态监测和帮扶工作方案》，持续加大返贫监测和帮扶联系力度，有效防止规模性返贫。全年纳入监测对象 1592 户 5631 人，年内解除风险 440 户 1808 人。东兰作为全区 3 个巩固脱贫成果后评估试点县之一，为全区后评估工作提供东兰经验。投入财政衔接推进乡村振兴补助资金 3.4 亿元，实施项目 1176 个。投入交通基础设施建设资金 6.9 亿元、农村安全饮水项目资金 3740 万元。武篆镇红色村庄乡村振兴示范区项目获得第一批中央专项彩票公益金 5000 万元。帮扶协作扎实有效，获得粤桂帮扶资金 5133 万元。世行片区试点示范项目加快推进，全年完成投资 4200 万元。乡村风貌提升工作成效明显，全年完成农房特色风貌塑造

2541 栋，完成自治区下达年度改造任务的 282%；全市乡村风貌提升工作推进现场会在东兰召开 [27]。

图 40　2013 年广西东兰县城　　　　图 41　现在的广西东兰县城

（图片来源：广西东兰县乡村振兴局）

7．河北沽源县

沽源县 2016 年被列为省级深度贫困县，2020 年 2 月 29 日摘帽退出。在脱贫攻坚的奋斗历程中，累计投入各类资金 43.6 亿元，强力推动"3+1"政策保障、产业就业科技扶贫、易地扶贫搬迁、"双基"提升等工作高质量落实，29826 户、56921 名贫困人口全部脱贫，180 个贫困村全部出列。2018 年以来，沽源县连续三年在省脱贫攻坚成效考核中位列"好"的等次。特别是 2020 年，脱贫攻坚成效考核综合排名位居全省第二，东西部扶贫协作和易地扶贫搬迁专项考核均位居全省第一。

沽源县坚持把改善群众生活条件作为脱贫攻坚的重要任务，坚决打好易地扶贫搬迁、危房改造、基础设施和公共服务建设、农村人居环境整治"组合拳"，全县所有自然村全部通水、通电、通硬化路，所有行政村实现标准化卫生室、村民活动室、文化活动广场和村级幼儿园全覆盖，农村发展短板有效补齐。通过大力实施易地扶贫搬迁和危房改造工程，群众居住条件显著改善，获得感、幸福感明显增强。

图 42　莲花滩乡丁庄湾村 2015 年村貌　图 43　莲花滩乡丁庄湾村 2019 年新貌

图 44　莲花滩小梁底自然村打造前　图 45　莲花滩小梁底自然村打造后

图 46　平定堡镇双脑包村公园改造前　图 47　平定堡镇双脑包村公园改造后

图 48　小河子乡脑包山村改造前　　图 49　小河子乡脑包山村旧貌换新颜

（图片来源：沽源县乡村振兴局）

8. 浙江永嘉县

永嘉县位于浙江省东南部，"八山一水一分田"，县域面积 2677.64 平方千米，占温州全市的 1/4，是浙江第四大县、温州第一大县，也是全国首批沿海对外开放县、中国文化旅游大县、中国千年古县、浙江老革命根据地县。

"一只羊富了一个村。"岭上人家位于永嘉县鹤盛乡岭上村内，村庄拥有 400 多年的历史，共有人口 60 户、234 人，村内建筑保留着明朝嘉靖年间建筑风貌，森林覆盖率达 90% 以上，素有"天然氧吧"之称。2002 年 6 月该村开出第一家农家乐餐厅，2005 年正月推出"烤全羊"特色主打菜，生意非常火爆。带头人叫金邦乾，他烤出第一只烤全羊后，认识到"个人富不叫富，全村富才叫富"。他通过亲戚带亲戚、朋友带朋友，带动了全体村民抱团烤全羊，岭山人家的农家乐从 1 家增加到 36 家，其中省市星级农家乐有 11 家，日接待人数达 8000 人，岭上人家从一个"穷沟僻壤村"成为全市闻名的"烤全羊村"，旺季时几乎是一桌难求。2021 年，共接待游客数近 80 万人次，销售烤全羊 8 万余只，农家乐年营业额超 1.5 亿元，实现户均年净收入 55 万元以上，村集体还通过饮料酒水配送整体外包、生态公益林收益、卫生保洁经费提成等，创收近 200 万元，实现"一只羊富了一个村""小产业带动大振兴"。

图 50　岭上村改造前　　　　　　　图 51　岭上村改造后

（图片来源：图50来源于永嘉县乡村振兴局；图51来源于永嘉县融媒体中心）

9. 天津市蓟州区下营镇

下营镇地处蓟州区最北部，属山区乡镇，系京津冀三省市交界地。辖 35 个行政村，共有 6581 户、21033 人，有 42 个基层支部，1109 名党员。有戚继光镇守黄崖关长城 16 年的戍边文化，有北方游牧生活与南方农耕文明交接的辽金文化，有抗日英雄刘继抗英勇杀敌的红色文化等，交通便利，环境优美。

镇域内有国家 4A 级景区黄崖关长城等 13 家景区，旅游特色村 29 个，农家院经营户 1474 户，接待床位 3 万张，年接待游客达 500 万人次，旅游综合收入 6.5 亿元。2021 年，下营镇固定资产投资完成 6924 万元，招商引资完成 5907 万元，区级税收完成 1164 万元。年纳税近 300 万元，农民人均可支配收入超过 3 万元。2016 年 6 月被国家发改委评为基础设施投融资模式创新特色小镇（下营镇生态旅游特色小镇）；2016 年 12 月被天津市评为首批特色小镇——山野运动休闲旅游小镇；2017 年 8 月被住建部评为第二批全国特色小镇——下营山野运动小镇；2017 年 8 月被国家体育总局评为运动休闲特色小镇；2020 年 8 月被全国爱国卫生运动委员会评为国家卫生镇（2020—2022）。

图 52　薤岭庙烈士陵园建设（1）　　　图 53　薤岭庙烈士陵园建设（2）

图 54　薤岭庙烈士陵园活动

（图片来源：天津市蓟州区下营镇政府）

10. 河北赤城县

赤城县委、县政府始终把产业增效作为农民增收的根本途径，把扶贫资金作为"造血"致富的有效载体，因势利导、因情施策，解决农户生产缺技术、服务无依靠、销售无保障等问题，壮大村集体经济，持续带动村民增收。为答好巩固拓展脱贫攻坚成果与乡村振兴有效衔接的历史考卷，抓机遇、找路子、想办法、谋发展，有效破解农村土地房屋闲置、产权浪费等问题，蹚出了一条"农文旅"融合发展、独具赤城特色的乡村振兴之路。

赤城县因地制宜做"谋划"。坚持把调查研究作为决策之基，问需于民作为为民之本。组织相关部门配合乡镇对浩门岭村 192 户逐户走访，摸清村情，摸准"家底"，收集一手资料；与村"两委"、党员代表、村民代表召开座谈会，听民意、汇民力，凝聚各方智慧，明确了政府引导、企业主导、村集体参与、农户受益的整治提升模式，大力发展民宿产业，一改昔日旧貌，为全县发展旅居产业树立了样板。

整合资源做"加法"。积极引入铭悦行（赤城）旅游开发有限公司，利用村民闲置宅基地，规划开发"民宿"产品，盘活闲置资产，推动"乡村振兴示范片区 + 民宿经济"组合发展，带动村民实现"租金 + 薪金 + 股金"多重收益，有效提升了群众收入水平和生活质量，巩固了脱贫攻坚成果，奠定了乡村振兴坚实基础。

立足全局做"延伸"。为实现效益最大化，延伸产业链条，开发多业态农业旅游，打造欢乐家庭农场及种养研学基地，推广"1+5"产品体系（即 1 处院落 + 水果园、蔬菜园、养殖园、嬉水园、休闲园），植入"偷菜"等趣味机制，为游客提供私人订制式有机农产品、农业康养、农业社交平台，农场还可由村民代管，进一步增加就业岗位。

赤城县大海陀乡高栅子村距县城 50 千米，总控面积 16975.5 亩，全村199 户 450 人，其中建档立卡贫困户 100 户 235 人。2019 年，该村依托自身资源禀赋优势，大力发展特色种植，村党支部流转集体土地，积极申请扶贫资金，按照"党支部 + 合作社"的联农带农模式，打造高栅子设施架豆产业园区，拓宽农民增收渠道，建设春秋大棚 167 个，在农业农村部科技发展中心的技术支持下，每个棚可获得销售收入 1.5 万 –1.8 万元，实现了"分红 +种植 + 务工 + 集体"四项收入全方位增长。2021 年 5 月，农业农村部科技发展中心授予高栅子村"乡村振兴示范村"。2022 年，赤城县委、县政府将进一步扩大产业发展优势，打造"赤城架豆"区域公用品牌，增强品牌美誉度、信誉度，切实把本地优质特色农产品做大做强。

图 55 2012 年赤城县大海陀乡   图 56 2022 年高栅子村新颜
高栅子村旧貌

图 57 2012 年赤城县赤城镇   图 58 2022 年浩门岭村新颜
浩门岭村旧貌

图 59 2022 年高栅子村整村全貌和产业发展布局

（图片来源：赤城县乡村振兴局）

11. 黑龙江海伦市

有中国"黑土硒都"之称的海伦市是国家级贫困县、革命老区县、红灯记的故乡，是全国重要的商品粮基地县。2014 年 8 月，海伦市被黑龙江省确定为 2014 年中央彩票公益金支持贫困革命老区整村推进项目县。项目共投入资金 2957 万元，其中中央彩票公益金 800 万元，整合部门涉农资金 2157 万元。项目覆盖东林乡 5 个贫困村的 16 个村民小组，项目涉及村屯道路、桥梁、自来水安装、村民活动室、危房改造、养鹅等 16 个大项。这些项目的实施，使 5 个贫困革命老区项目村实现了"强筋壮骨"，发展面貌焕然一新。

东林乡平安村是国家彩票公益金整村推进项目惠及老区的一个缩影。2015 年至 2016 年实施了 4.3 千米的村屯水泥路，不仅有效解决了村民出行难题，实现了白色路面零的突破，同时也为百姓组建秧歌队搭建了平台，村民自发组建秧歌队 6 个，参与人数达 200 余人，极大地丰富了村民的业余文化活动。

图 60 黑龙江省海伦市平安村彩票公益　图 61 黑龙江省海伦市平安村彩票公益
　　　　金村屯水泥路改造前　　　　　　　　　　金村屯水泥路改造后

图62　黑龙江省海伦市双录乡双安村　　图63　黑龙江省海伦市双录村彩票公益
联户水泥路项目前期规划　　　　　　　金联户水泥路项目施工监督

（图片来源：黑龙江省海伦市乡村振兴局）

二、典型革命老区的巨变

（一）闽粤赣革命老区的巨变

1．基本信息

（1）历史沿革

闽粤赣革命老区在土地革命战争中，主要涉及了两个重要时期。

一是井冈山时期，即从1927年9月毛泽东率领秋收起义部队上井冈山建立革命根据地，到1929年1月毛泽东、朱德和彭德怀先后率红四军和红五军下山，井冈山根据地主体部分失守，革命斗争的中心区域随着毛、朱率红四军离去而转移，共1年4个月[28]。

二是中央苏区时期，1929年1月毛泽东、朱德率红四军下井冈山后转战赣南、闽西，经过1年半多的艰苦斗争，开辟了中央苏区。在连续取得三次反"围剿"胜利后，1931年11月，成立了中华苏维埃共和国临时中央政府。在1933年二三月间取得第四次反"围剿"胜利后，中央苏区发展至鼎盛。第五次反"围剿"失败后，中央红军不得不于1934年10月实行战略转移，中央苏区的主体部分随之丧失。这个时期共5年10个月。

　　总之，闽粤赣革命老区是土地革命战争时期中国共产党创建的最大最重要的革命根据地，是中华苏维埃共和国临时中央政府所在地，是中华人民共和国的摇篮和苏区精神的主要发源地。闽粤赣革命老区在土地革命斗争中占有重要的地位。它与中央苏区的关系极为密切，前期是中央苏区的后方根据地，后期发展成为中央苏区的组成部分。从时间来说，它占民主革命的四分之一；从内涵来说，它是以毛泽东为代表的中国共产党人探索农村包围城市、武装夺取政权的中国特色革命道路的关键时期；从意义来说，它是新中国的最初雏形。

　　（2）区划详情

　　闽粤赣革命老区包括江西省赣州市、吉安市、新余市全境及抚州市、上饶市、宜春市、萍乡市、鹰潭市的部分地区，福建省龙岩市、三明市、南平市全境及漳州市、泉州市的部分地区，广东省梅州市全境（含梅州市梅江区、梅县区、兴宁市、五华县、丰顺县、大埔县、平远县、蕉岭县）及河源市、潮州市、韶关市的部分地区。根据 2012 年 6 月 12 日国务院出台的《国务院关于支持赣南等中央苏区振兴发展的若干意见》（国发〔2012〕21号），闽粤赣革命老区具体包含的 108 个县（区、市）如表 1 所示：

表1　闽粤赣革命老区包含县（区、市）

所在省	所在地级市	县（区、市）
江西省	赣州市（19）	章贡区、南康区、赣县区、经开区、信丰县、大余县、上犹县、崇义县、安远县、定南县、全南县、宁都县、于都县、兴国县、会昌县、寻乌县、石城县、瑞金市、龙南市
	吉安市（13）	吉州区、青原区、吉安县、吉水县、峡江县、新干县、永丰县、泰和县、遂川县、万安县、安福县、永新县、井冈山市
	新余市（2）	渝水区、分宜县
	抚州市（9）	黎川县、广昌县、乐安县、宜黄县、崇仁县、南丰县、南城县、资溪县、金溪县
	上饶市（5）	广丰县、铅山县、上饶县、横峰县、弋阳县
	宜春市（2）	袁州区、樟树市

续表

所在省	所在地级市	县（区、市）
江西省	萍乡市（3）	安源区、莲花县、芦溪县
	鹰潭市（2）	余江区、贵溪市
福建省	龙岩市（7）	新罗区、永定区、漳平市、长汀县、上杭县、武平县、连城县
	三明市（11）	三元区、沙县区、永安市、明溪县、清流县、宁化县、大田县、尤溪县、将乐县、泰宁县、建宁县
	南平市（10）	建阳区、延平区、邵武市、建瓯市、武夷山市、顺昌县、浦城县、光泽县、松溪县、政和县
	漳州市（8）	芗城区、龙海市、南靖县、平和县、诏安县、华安县、云霄县、漳浦县
	泉州市（4）	安溪县、南安市、永春县、德化县
广东省	梅州市（8）	梅江区、梅县区、兴宁市、平远县、蕉岭县、大埔县、丰顺县、五华县
	河源市（3）	龙川县、和平县、连平县
	潮州市（1）	饶平县
	韶关市（1）	南雄市

（3）地理环境

闽粤赣革命老区位于江西南部与福建西部的边界地区，地貌以山地丘陵为主，境内群山绵延，丘陵起伏，有"东南山国"之称。区内山脉纵横，闽西有武夷山、玳瑁山、博平岭等；赣南有大庾岭、九连山、诸广山、于山等，而丘陵又遍布广大地区，海拔高度在200至600米之间的山丘不计其数，低山、丘陵、岗阜与盆地交错分布；闽西平地只占5.17%，中山、低山、丘陵占94.8%[29]。

该区域境内有两大水系：赣西南属赣江水系，闽西属汀江水系。赣江上游有两条支流：一为发源于罗霄山脉南端诸广山的章江，二为发源于武夷山脉西麓的贡江。赣南所辖18个县市中有17个县市属章、贡二江流域，各县市之间可通航运沟通联系。闽西的汀江，发源于武夷山南段东麓的长汀县西北，流经上杭、永定两县南入广东省境大埔之韩江，流入东海。韩江和汀江可通木船至长汀城（汀州）。赣西南、闽西这一险峻、优越的山川地貌，为中央苏区的建立提供了良好的天然屏障和优越的发展空间[30]。

（4）老区人口：人口数量的变化以及占比趋势

如图 1 所示，党的十八大以来闽粤赣革命老区的人口呈递增趋势，从 2012 年的 4537.584 万人增加到 2018 年的 4793.233 万人，增幅 5.336%。数据来源于 2012—2018《中国县域统计年鉴》，各地级市、县（市、区）统计年鉴，因数据来源有限，江西省宜春市袁州区、江西省萍乡市安源区、福建省漳州市芗城区没有纳入统计。

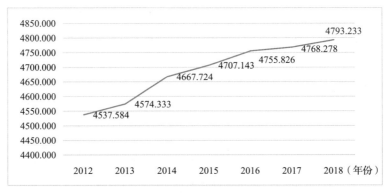

图 1　闽粤赣 2012—2018 年户籍人口（万人）变化图

2. 革命老区的巨变

党的十八大以来，国家高度重视闽赣粤革命老区的振兴与发展，针对闽粤赣革命老区的经济发展滞后以及民生问题，以邓小平理论和"三个代表"重要思想为指导，深入贯彻落实科学发展观，弘扬苏区精神，加大扶持力度，努力走出一条欠发达地区实现跨越式发展的新路子，使原中央苏区人民早日过上富裕幸福的生活。

党的十八大之前，2012 年 6 月 12 日国务院就出台了《国务院关于支持赣南等中央苏区振兴发展的若干意见》（国发〔2012〕21 号，以下称意见），从解决民生问题、夯实农业基础、加强基础设施建设、壮大特色优势产业、可持续发展、社会事业等方面提出了指导性意见。

　　党的十八大之后，2014年3月20日国家发改委加强意见的落实，向江西、福建、广东省人民政府和国务院有关部委、直属机构出台《国务院关于赣闽粤原中央苏区振兴发展规划的批复》（国函〔2014〕32号，以下称规划），该规划包含108个县（市、区），规划范围不等同于原中央苏区，并提出统筹区域空间布局，以赣南、闽西为核心，依托重要交通干线，辐射带动沿线发展，培育壮大赣中、赣东、赣西、闽西北、闽南、粤东北组团，打造"双核六组团"的空间发展格局，并新提出统筹发展和区域内、区域间合作发展的战略。除此之外，2016年2月中共中央办公厅、国务院办公厅针对全国革命老区，印发了《关于加大脱贫攻坚力度支持革命老区开发建设的指导意见》，以贫困老区为重点，实施精准扶贫、精准脱贫，着力破解区域发展瓶颈制约。

　　除此之外，福建省、广东省和江西省也各自出台了扶持革命老区发展的一系列政策。

表2　闽粤赣各省革命老区扶持政策

省份	政策名称	时间	发布单位
福建省	《福建省促进革命老区发展条例》	2012.12.1	福建省人大常委会
	《闽西革命老区高质量发展示范区建设方案》	2022.4.13	国家发展和改革委员会
广东省	《海陆丰革命老区振兴发展规划》（发改振兴〔2022〕424号）	2018.9.7	广东省发展和改革委员会
	《广东省促进革命老区发展条例》	2019.11.29	广东省人民代表大会常务委员
	《中共广东省委广东省人民政府关于新时代支持革命老区和原中央苏区振兴发展的实施意见》	2021.8.28	广东省委省政府
江西省	《国务院关于支持赣南等原中央苏区振兴发展的若干意见》（国发〔2012〕21号）	2012.6.28	国务院
	《中共江西省委江西省人民政府关于新时代进一步推动江西革命老区振兴发展的实施意见》	2021.4.21	江西省发展和改革委员会

在政策扶持下，各级政府积极规划并落实闽粤赣革命老区发展战略，以下从经济、产业和社会事业三个方面阐述闽粤赣革命老区十八大以来的变化。因数据来源有限，本文只选取 108 中的 95 个闽粤赣革命老区县（区、市）进行整理和分析。数据来源于 2013—2020《中国县域统计年鉴》，江西省赣州市章贡区、经开区、龙南市，吉安市吉州区、青原区，新余市渝水区，宜春市袁州区，萍乡市安源区；福建省龙岩市新罗区，三明市三元区，南平市延平区，漳州市芗城区；广东省梅州市梅江区因数据缺失，未纳入统计。

（1）经济发展

党的十八大以后，2013 年以来，闽粤赣革命老区经济发展向好，如图 2 所示，生产总值从 2013 年的 1.15 万亿元稳步增加到 2020 年的 2.07 万亿元。

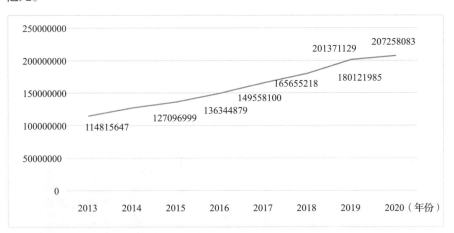

图 2 闽粤赣革命老区 2013—2020 年生产总值（万元）变化图

如图 3 所示，闽粤赣革命老区 2012—2020 年一般公共支出大于收入，且差距逐渐拉大，其中一般公共支出呈上升趋势，从 2012 年的 1658 亿元增加到 2020 年的 3896 亿元，增幅 57.441%；一般公共预算收入浮动较小，基本维持在 1000 亿元左右。

图 3　闽粤赣革命老区 2012—2020 年一般公共预算收入和支出变化图

　　2013 年以来闽粤赣革命老区的居民储蓄存款余额和年末金融机构贷款金额稳步上升，如图 4 所示，居民储蓄余额从 2013 年的 6845 亿元增加到 2020 年的 15074 亿元，增幅达 54.588%；年末金融机构贷款金额从 2013 年的 6283 亿元增加到 17047 亿元，增幅达 63.139%。

图 4　闽粤赣革命老区 2013—2020 年居民储蓄存款余额与各项贷款余额

（2）产业发展及社会事业

党的十八大以来，闽粤赣革命老区工业发展向好。因数据来源有限，从 2012 年至 2016 年的数据，如图 5 所示，党的十八大到十九大期间，闽粤赣革命老区规模以上工业企业单位数从 2012 年的 8206 个上升到 2016 年的 10737 个，增长 23.573%；从产值来看，规模以上工业总产值从 2012 年的 14328 亿元上升到 2016 年的 23484 亿元，增长 38.989%。

图 5　闽粤赣革命老区 2012—2016 年规模以上工业企业单位（个）数和总产值（万元）

从不同产业来看，闽粤赣革命老区第二产业发展向好，第二产业增加值稳步上升，从 2013 年的 5808 亿元上升到 2020 年的 8995 亿元，增幅 35.430%；第一产业增加值波动幅度较小，2013—2020 年平均值为 2331 亿元。另外，2020 年第一、第二产业增加值占生产总值比例较 2013 年有所降低，幅度不超过 10%。

党的十八大以来，闽粤赣革命老区教育体系不断完善，如图 7 所示，2012—2020 年，闽粤赣革命老区的普通中学在校学生数小于小学在校学生数，并呈增长趋势，其中小学在校学生数从 2012 年的 326.8 万人增加到

2020 年的 345.5 万人；普通中学在校学生数从 2012 年的 229.9 万人增加到 2020 年的 248.4 万人。

图 6　闽粤赣革命老区 2013—2020 年第一、第二产业增加值（万元）及占比变化图

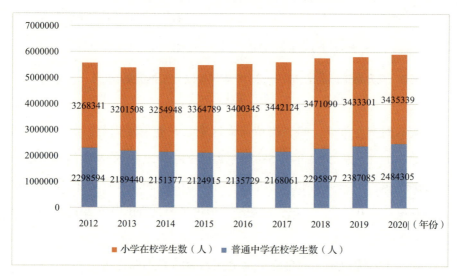

图 7　闽粤赣 2012—2020 年学生人数（人）变化图

党的十八大以来，闽粤赣革命老区社会福利和医疗机构不断完善和发展，如图 8 所示，2012—2020 年闽粤赣革命老区社会福利性单位数稳步增长，增幅 47.036%，其间 2016 年至 2017 年增长了 538 个，随后 2018 年小幅度下降至 2309 个。特别地，从医疗卫生机构和社会福利收养性的床位数来看，闽粤赣革命老区的医疗、社会福利基础设施建设也在不断完善，如图 9 虚线所示趋势线，2013—2020 年医疗卫生机构和社会福利收养性床位数呈上升趋势，医疗卫生机构的床位数上升幅度更大。

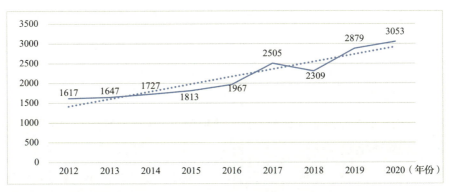

图 8　闽粤赣革命老区 2012—2020 年社会福利收养性单位数（个）变化图

图 9　闽粤赣革命老区 2013—2020 年医疗卫生机构和社会福利
收养性床位数（床）变化图

3. 红色文化

闽粤赣革命老区孕育了宝贵且丰富的红色文化，从物质类红色文化来看，福建省有革命（红色）文物962处（点），革命遗址2500多处[31]；广州省老区苏区共有不可移动革命文物约1500处，包括国保8处、省保94处、市县保659处、登记文物点739处[32]；江西省有2400余处革命遗址和纪念场所，340余处已开发的红色景区，47个A级以上红色旅游景区（5A级景区3个、4A级景区17个、3A级景区25个），拥有19处国家级爱国主义教育基地和1所中央直属干部学院（井冈山干部学院）[33]。

在精神文化上，闽粤赣的革命先烈用汗血拼搏和顽强毅力，给我们留下了井冈山精神、苏区精神、老区精神等红色精神。

"环顾同志中，阮贺足称贤。阮誉传岭表，贺名播幽燕。审计呕心血，主政见威严。哀哉同突围，独我独生存。"1936年陈毅在惊悉阮啸仙和贺昌先后牺牲的噩耗时挥毫写下的《哭阮啸仙、贺昌》，诗中"阮誉传岭表""审计呕心血"等句，正是阮啸仙等中国共产党杰出的革命家革命活动的真实写照[34]。

闽粤赣的革命先烈包含但不限于，邓子恢（1896—1972）——福建省龙岩新罗区人，闽西革命根据地和苏区的主要创建者和卓越的领导人之一；瞿秋白（1899—1935）——福建省江苏常州人，中国革命文学事业的奠基人之一；彭湃（1896—1929）——广东省海丰人，中国农民革命运动的先导者和著名海陆丰苏维埃政权创始人；阮啸仙（1898—1935）——广东省河源人，广东地区青年运动的先驱者之一；方志敏——江西省上饶人，他把马克思主义普遍真理与赣东北实际相结合，创造了一整套建党、建军和建立红色政权的经验，毛泽东称之为"方志敏式"根据地；袁玉冰（1899—1927）——江西省泰和人，马克思主义的传播者；曾天宇（1896—1928）——江西省万安人，南昌支部最早发展的党员之一，建立江西省第一个县级苏维埃政权。

"一代人有一代人的使命"，闽粤赣革命先烈的精神力量绵延不绝。

井冈山光辉的斗争实践，生动诠释了"中国的红色政权为什么能够存在"，其所孕育的井冈山精神，指引着中国革命一步步迈向成功，为我们党积累了宝贵的精神财富。习近平总书记深刻概括井冈山精神的内涵，指出新时代弘扬井冈山精神最重要的是坚持四个方面：一是坚定执着追理想；二是实事求是闯新路；三是艰苦风斗共难关；四是依靠群众求胜利。

中央苏区的精神内涵主要有五个方面：一是深信"星星之火，可以燎原"，中国革命必然胜利的坚定信念；二是反对"本本主义"，深入实际调查，"从斗争中创造新局面"的开拓进取理念；民主建政、"真心实意地为群众谋利益"、创造"第一等的工作"的执著追求；四是艰苦奋斗、廉洁奉公的优良作风；五是无私奉献、不怕牺牲、一往无前、勇于捐躯的彻底革命精神[35]。

4. 典型案例

（1）福建省连城县

连城是著名的革命老区。第二次国内革命战争时期，属中央苏区县之一，也是红军长征前东线最后一役——松毛岭战役发生地。连城县全面贯彻落实中央、省、市有关决策部署，扎实推进巩固拓展脱贫攻坚成果同乡村振兴有效衔接，接续做好全县5个脱贫乡（镇），62个脱贫村，6009户14366人脱贫群众和重点监测户的帮扶工作。

水源村属县级贫困村，全村占地8.862平方千米，林地面积11857亩，耕地面积795亩，农蔬地、宅基地等约330亩，森林覆盖率约为94%，共有水源、小溪、南坑3个自然村，261户915人，8个村民小组，贫困户22户59人，在2018年底已实现全部脱贫。村里有党员35人，村"两委"班子成员7人。2019年荣获省级"乡村振兴实绩突出村"、市级"平安和谐村"、市级"人居环境整治试点村"称号。

图 10　连城县塘前乡水源村拦河坝工程　　图 11　连城县塘前乡水源村拦河坝工程
　　　　　建成前　　　　　　　　　　　　　　　　　建成

（图片来源：福建省连城县农业局）

（2）福建省政和县

政和县地处闽浙两省三市结合部，县域面积 1745 平方千米，其中山地面积 223 万亩，耕地面积 22 万亩，基本呈"八山一水一分田"分布。全县辖 5 乡 4 镇 1 街道，总人口 24 万，其中农业人口近 18 万。政和县在做精做细茶、竹两个传统产业的基础上，积极实施高山蔬菜、名特优水果、优质食用菌、有机水稻等现代农业工程，建成一批产业示范村、农民专业合作社示范社，助力乡村振兴。

图 12　2013 年 6 月政和县城全景图（徐庭盛摄）

图 13　2022 年 5 月政和城关全景图（徐庭盛摄）

（图片来源于福建省政和县宣传部徐庭盛）

（3）福建省顺昌县

顺昌县位于福建西北部，县域面积 1985 平方千米，下辖 12 个乡镇（街道），130 个行政村，总人口 24 万人，境内森林、石灰石矿蕴藏量丰富，水力资源充足，是省级扶贫开发工作重点县、原中央苏区县，也是国家生态文明建设示范县、全国首个"杉木之乡"。

"十三五"期间，顺昌县共投入中央专项彩票公益金 2000 万元。投入

图 14　顺昌县埔上镇五板桥重建项目
施工前

图 15　顺昌县埔上镇五板桥重建项目
施工中

图 16　顺昌县埔上镇五板桥重建项目　　　图 17　顺昌县埔上镇五板桥重建项目
　　　　　完工后（1）　　　　　　　　　　　　完工后（2）

（图片来源：福建省顺昌县乡村振兴局）

建设坊村前山到板圳河道挡墙工程，新建河道挡墙 242.02 米，高 3 米，面宽 0.6 米；新建梁板漫水农桥 2 座。使用中央彩票公益金补助 66.493 万元。该项目使贫困村农田水利基础设施得到提升，保护耕地 300 亩，受益农户 128 户 482 人，其中贫困户 9 户 29 人。

（4）江西省井冈山市

2014 年底，井冈山市建档立卡贫困户 4638 户，贫困人口 16934 人，贫困发生率 13.8%。井冈山市经济发展滞后，地方产业发展不足。在农业发展中面临基础薄弱、可利用资源有限、难以实现集约化发展等问题。

图 18　柏露乡长富桥村旧貌　　　　　　图 19　柏露乡长富桥新貌
　　　　（项目建设前）　　　　　　　　　　（项目建设后）

图 20　龙市镇大仓村旧貌　　　　　　图 21　龙市镇大仓村新貌
　　　（项目建设前）　　　　　　　　　（项目建设后）

（图片来源：江西省井冈山市乡村振兴局）

　　"十三五"期间，井冈山市利用中央专项彩票公益金 2000 万元，大力实施"一户一块茶园、一户一块竹林、一户一块果园、一户一人务工"的"四个一"产业扶贫模式，着力推进 20 万亩茶叶、30 万亩毛竹、10 万亩果业的"231"富民产业，产业覆盖贫困户 4617 户，户均年增收 7500 元。

　　（5）广东省大埔县

　　大埔县是广东省梅州市下辖县，地处广东省东北部，韩江上游，享有"华侨之乡、文化之乡、陶瓷之乡、名茶之乡"之誉，被认定为中央苏区县。大埔县总面积 2470 平方千米，辖 14 个镇，245 个行政村。

　　"十三五"期间，大埔县共投入中央专项彩票公益金 4000 万元，主要用于茶阳镇、青溪镇和大麻镇的革命老区村建设机耕路、引水陂、便桥等公益性基础设施，新增和改善茶阳镇、青溪镇、大麻镇灌溉面积近 8000亩，改善除涝面积约 400 亩，受益人口 3 万多人，有利于传统优势农业提质增收，带动当地发展休闲观光农业。项目实施为建设社会主义新农村、建设"特色小镇，美丽乡村"奠定了基础，为全面建设小康社会奠定了基础。

图22　青溪镇蕉坑村道路建设前　　　　图23　青溪镇蕉坑村道路建设后

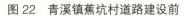

（图片来源：广东省大埔县乡村振兴局）

（二）陕甘宁革命老区的巨变

1. 陕甘宁革命老区基本情况

（1）陕甘宁革命老区的贡献和地位

陕甘宁革命老区在我们党的历史上具有十分重要而特殊的地位。它是党中央和红军长征的落脚点，也是党带领人民军队奔赴抗日前线、走向新中国的出发点。

抗战期间，陕甘宁边区始终处在极端艰苦的内外环境之中。从内部看，地瘠民穷，经济落后。从外部看，日军隔河伺机相犯。为阻止敌人进攻边区，进攻西北，边区政府把动员抗日战争、巩固后方、支援前线作为首要政务。陕甘宁边区人民热烈响应边区政府号召，为支援抗日战争付出了巨大的人力、物力和财力。据不完全统计，在八年全面抗战中，陕甘宁边区有3万多青年参加八路军，以陕甘宁边区当时人口计算，平均不到9人就有一人应征。陕甘宁边区人民缴纳救国公粮达100多万石，支前154多万人次，组织150多万匹牲畜运送物资，做军鞋20多万双。同时，边区安置了11500余名伤病退伍军人，优待军烈属10万余人。边区各级政府还救济安置了从沦陷区和国统区逃来的移难民6万余户，26万余人。陕甘宁边区军民上下一心，团结一致，自力更生，艰苦奋斗，不怕困难，不怕牺牲，全力支援抗日战争，为抗日战争的最后胜利作出了巨大贡献。这一历史事实有力地证明了，兵民是胜利之本，人民是我们党永远的根据地[36]。

（2）陕甘宁革命老区区划详情

陕甘宁革命老区位于中国西北的黄土高原上，包括陕北、陇东和宁夏东南。地势西北高而东南低，平均海拔高度约1000米。地形主要由两部分组成，一部分是"原地"，一部分是"川地"。"原地"放眼望去地势平坦，但却被无数纵横的沟壑所切割；川地土地肥沃，地势平坦。陕甘宁地区水力资源贫乏，除沿边区东面流过的黄河外，境内的河流水量很小，无法通航。根据2012年3月25日，国家发展改革委以发改西部〔2012〕781号印发《陕甘宁革命老区振兴规划》，规划范围包括：陕西省延安、榆林、铜川，甘肃省庆阳、平凉，宁夏回族自治区吴忠、固原、中卫等8个地级市，以及陕西省富平、旬邑、淳化、长武、彬县、三原、泾阳，甘肃省会宁，宁夏回族自治区灵武等9个县（市），总面积19.2万平方千米，2010年末总人口1762万人，共67个县（市/区），具体如表1所示。

表1　陕甘宁革命老区区划详情

所在省	所在市	县（区、市）
陕西省	榆林市	府谷县、神木市、佳县、米脂县、横山区、子洲县、绥德县、吴堡县、清涧县、靖边县、定边县、榆阳区
	延安市	子长县、延川县、延长县、安塞区、志丹县、吴起县、甘泉县、宜川县、黄龙县、富县、洛川县、黄陵县、宝塔区
	铜川市	宜君、耀州、王益区、新区、印台区
	咸阳市	旬邑县、淳化县、长武县、彬县、三原县、泾阳县
	渭南市	富平县
甘肃省	白银市	会宁县
	平凉市	泾川县、灵台县、崇信县、华亭县、庄浪县、静宁县、崆峒区
	庆阳市	华池县、合水县、环县、庆城县、宁县、正宁县、镇原县、西峰区

续表

所在省	所在市	县（区、市）
宁夏回族自治区	银川市	灵武市
	中卫市	中宁县、海原县、沙坡头区
	吴忠市	盐池县、同心县、青铜峡、红寺堡区、利通区
	固原市	彭阳县、西吉县、隆德县、泾源县、原州区

2．陕甘宁革命老区的巨变

作为党的历史上具有重要地位的革命老区，陕甘宁的变化是巨大的。2012—2021 年间，陕甘宁革命老区的综合实力明显增强，交通、水利、电力等发展基础设施更加稳固，产业发展水平明显增强，同时老区群众的获得感、幸福感和安全感得到了极大的提升。

本章节陕甘宁革命老区的数据均来自《中国县域统计年鉴》《陕西省统计局统计年鉴》《甘肃省统计局统计年鉴》《宁夏回族自治区统计局统计年鉴》等官方统计数据。

（1）老区人口的变化

根据图 1 可以看出陕甘宁革命老区在 2012—2020 年间，常住人口数变化较平稳，基本维持在 2000 万人左右。

图 1　陕甘宁革命老区 2012—2020 年常住人口

（2）经济发展

从地区生产总值（见图2）来看，陕甘宁革命老区的总体地区生产呈现出上升的趋势，同时相较于2012年的地区生产总值，2020年陕甘宁革命老区的地区生产总值有了大幅度的提高，由此可见，2012—2020年间，陕甘宁革命老区经济实力不断增强，经济水平稳步增长。

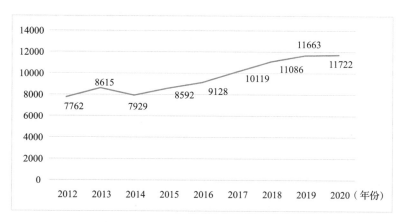

图2　陕甘宁革命老区2012—2020年地区生产总值（亿元）

从年末居民储蓄存款余额与金融机构各项贷款余额（见图3）来看：2012—2020年间，陕甘宁革命老区居民年末储蓄存款余额呈现出递增趋势，相较于2012年，2020年的居民储蓄余额有了极大地提高，由此可以看出，陕甘宁革命老区的居民存款增加，生活水平提高。同时，陕甘宁革命老区年末金融机构的各项贷款余额在2012—2020年间呈现出递增的趋势。

（3）产业发展

从三产增加值占生产总值比重（见图4）来看：陕甘宁革命老区2012—2020年间，第一产业增加值有较小幅度的增加，第一产业增加值在生产总值中的占比处于稳定的低水平状态。第二产业增加值在生产总值中的占比较高，但是有下降的趋势。第三产业增加值不断增加，在生产总值中的占比呈现出上升趋势。由此可见，在2012—2020年间陕甘宁革命老区的三次产业

均发展良好，第三产业占比不断增加，有利于经济的持续增长，吸纳更多的
劳动力就业。

图 3　年末居民储蓄存款余额与金融机构各项贷款余额

图 4　陕甘宁革命老区 2012—2020 年三产增加值及其占比

　　从规模以上工业企业发展情况（见图 5）来看：2012—2020 年间，陕
甘宁革命老区规模以上工业总值呈现出上升趋势，相较于 2012 年，2020 年
规模以上工业总产值提高较大，规模以上工业企业单位数呈现出上升趋势，

中间略有下降。通过这两个指标可以看出，陕甘宁革命老区的工业发展取得了显著成效。

图 5　规模以上工业企业发展情况

从陕甘宁革命老区粮油肉产量（见图 6）来看：2012—2020 年间，陕甘宁革命老区粮食、肉类、油料的产量变化不大，2020 年相较于 2012 年有所增加。

图 6　陕甘宁革命老区 2012—2020 年粮油肉产量

（4）一般公共预算收入与支出

从陕甘宁革命老区 2012—2020 年的一般公共预算收入和支出（见图 7）可以看出，两个指标均呈现出递增趋势，并且增长幅度较大。一般公共预算支出远高于一般公共预算收入。

图 7　陕甘宁革命老区一般公共预算收入与支出

（5）老区教育与医疗

从中小学在校生人数（见图 8）来看：在教育方面，2012—2020 年间，

图 8　在校生人数

陕甘宁革命老区小学在校学生数和普通中学在校学生都有了明显的增加，通过这一现象可以看出陕甘宁革命老区的教育需求不断提升，能够得到教育的人数逐渐增多。

从医疗机构床位数（见图9）来看：2012—2020年间，陕甘宁革命老区县医疗机构床位数始终保持增长的状态，由此可见，在这期间，陕甘宁革命老区的硬件医疗设施环境有了明显的改善，医疗条件逐渐变好。

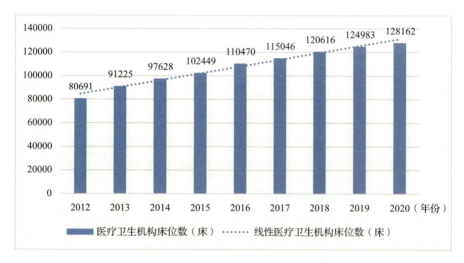

图9　医疗机构床位数

3. 红色文化和老区政策

（1）红色文化

红色文化与老区乡村振兴之间的契合点：红色文化以其独特的物质文化、精神文化、制度文化、行为文化，全面展示着中国共产党进行革命和建设的艰苦创业历程。革命老区保留着丰富的红色文化资源，如何抓住党中央号召的实施乡村振兴战略的契机，依托优势的红色文化资源，挖掘红色文化助力乡村振兴的功能和价值，从而使曾经为中国革命作出杰出贡献的老区人民尽快脱贫致富过上全面小康的新生活是老区发展的重要目标。无疑这是目前学术界研究的热点问题。红色文化是革命老区特有的文化资源，乡村振兴对老区而言机遇大于挑战。近年来红色文化发展势头迅猛，对革命老区的经济社会发展产生较大的带动作用。实施"乡村振兴战略"尤其对革命老区而言有着重要的现实意义。因此，红色文化与老区乡村振兴之间关系密切，两者围绕革命老区发展存在一定程度的契合性。

陕甘宁革命老区红色文化的内容构成：陕甘宁革命老区是由土地革命战争时期中国共产党"硕果仅存"的唯一革命根据地的陕甘边革命根据地和陕北革命根据地合并为的陕甘革命根据地，以及 1935 年 10 月中央红军到达陕北后统一建立的陕甘宁革命根据地两部分组成的。因此，从时间维度看陕甘宁革命老区包括陕甘革命根据地和之后建立的陕甘宁革命根据地，其发展历程有 22 年之久。陕甘宁革命老区保留着丰富的红色文化资源，全面反映了中国共产党带领人民创建革命根据地和局部执政的辉煌历史。通过对陕甘宁革命老区的红色文化细分，可以分为红色物质文化、红色精神文化、红色制度文化和红色行为文化四种类型。

红色物质文化指客观存在的、有形的文化形态，如标志物、纪念地、旧址遗址遗迹等。陕甘宁革命老区红色物质文化可分为旧址型、纪念型、遗产型、遗址型等类型。如刘志丹提出"三色"革命理论的红石峡会议旧址、中共中央讨论和制定抗日民族统一战线策略方针的瓦窑堡会议旧址、金汤故居和芦子沟故居两部分组成的志丹县刘志丹旧居。红色精神文化指的是红色文化在形成和发展过程中提炼出的价值观念、思维方式等。陕甘宁革命老区红色精神文化包括南梁精神、延安精神、南泥湾精神、抗大精神、照金精神、马兰精神和一些尚未形成精神的价值观或者理念。但这些精神文化都内涵为人民服务，自力更生、艰苦奋斗，实事求是以及创新。红色制度文化即红色文化的制度形态是红色文化精神的集中反映，是在红色精神文化和物质文化的基础上形成的理论、纲领、路线、方针、政策等一系列规范体系和行为模式，包括创建、推行、保护物质形态文化和精神层面红色文化的各种规章制度、政策法规等规范。比如，民主选举制度、民主监督制度、廉政制度等。

红色文化助推陕甘宁革命老区乡村振兴战略实施[37]：实施乡村振兴战略是陕甘宁革命老区实现产业兴旺、乡风文明、治理有效、生态宜居和生活富裕的关键，也是关系到陕甘宁革命老区人民精准脱贫，实现全面小康的治本之举。由于陕甘边革命根据地和陕甘宁革命根据地相继存在长达22年，为陕甘宁革命老区留下了丰富的红色物质文化、精神文化、制度文化和行为文化。依托红色文化助力陕甘宁革命老区乡村振兴就具有十分重要的现实意义。近年来，红色文化为陕甘宁革命老区乡村振兴带来了实实在在的效益，取得了显著的成绩。当然红色文化在助推陕甘宁革命老区乡村振兴过程中还存在一些问题，通过分析这些问题及其背后深层原因，可为红色文化助推陕甘宁革命老区乡村振兴提供解决方案和实现路径打下坚实基础。

红色物质文化为陕甘宁革命老区带来可观的经济效益。陕甘宁革命老区红色物质文化丰富，包括旧址型、纪念型、遗迹型和遗产型等类型，近年来，通过吸引游客前来游览参观，促进当地吃、住、行、游、购、娱等方面协同发展，给陕甘宁革命老区带来了可观的经济效益。

红色精神文化为老区乡村基层党组织建设提供精神动力。陕甘宁革命老区孕育的南梁精神、马兰精神、延安精神和南泥湾精神等红色精神文化，这些红色精神文化为老区乡村基层党组织建设提供精神动力。

红色制度文化是中国共产党在根据地建设过程中创造革命理论、革命纲领、思想路线和方针政策，其中，中国共产党建立的民主选举制度、民主监督制度、廉政制度、文化教育制度以及党员干部教育制度均无疑为乡村治理提供了有效的制度安排。

红色行为文化成为陕甘宁革命老区公共文化建设的亮丽品牌。陕甘宁地区红色氛围浓厚，到处都能体会到红色文化元素，不仅有革命领导人故居、红色文化遗产等红色物质文化，还包括内涵丰富的红色行为文化。

（2）陕甘宁革命老区政策

有针对性的政策是新时代革命老区振兴发展的重要支撑。从助力老区脱贫攻坚到支持老区全面振兴，从聚焦重点区域到兼顾重点领域、重点人群，从着力增强自我发展能力到积极对接国家重大战略[38]。党的十八大以来，贯彻落实习近平总书记"全面建成小康社会，一个不能少，特别是不能忘了老区"的指示精神，党中央、国务院组织了实施若干支持革命老区经济发展的政策文件，其中的重点革命老区振兴发展规划《陕甘宁革命老区振兴规划》与多个配套政策齐共同支持陕甘宁革命老区脱贫奔康。在胜利完成脱贫攻坚之后，在巩固拓展脱贫攻坚成果与推动乡村振兴衔接阶段，依据 2021 年 1 月《国务院关于新时代支持革命老区振兴发展的意见》（国发〔2021〕3 号）进行政策调整，并提出一批支持革命老区振兴发展的新政策，其中陕甘宁革命老区出台了《甘肃省人民政府关于新时代支持革命老区振兴发展的实施意见》《陕西省人民政府关于印发新时代支持革命老区振兴发展若干措施的通知》《宁夏回族自治区人民政府关于新时代支持革命老区振兴发展的实施意见》等相关政策。

4．陕甘宁革命老区典型案例

（1）陕西省耀州区

耀州区位于渭北高塬南缘，总面积 1617 平方千米，共 24.06 万人。"十三五"期间，耀州区投入大量人力物力用于贫困村基础设施建设，助力脱贫和产业发展。脱贫攻坚以来，耀州区始终以产业促贫困户增收、以基础设施提升贫困村面貌，狠抓各种项目落实，使得耀州区面貌发生了极大地改善。

图 10　2007 年的耀州城全景　　　　图 11　2020 年的耀州城全景
（石铜钢摄）　　　　　　　　　　（赵军强摄）

图 12　2021 年中央彩票公益金支持　图 13　2021 年中央彩票公益金支持
欠发达革命老区——耀州区乡村振兴　欠发达革命老区——耀州区乡村振兴
示范区建设项目实施前现状　　　　示范区建设项目实施后效果

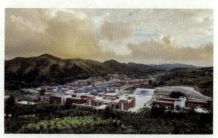

图 14　革命老区——耀州区照金镇旧貌　图 15　革命老区——耀州区照金镇新貌
（摄于 2012 年）　　　　　　　（摄于 2020 年）

（图片来源：陕西省耀州区乡村振兴局）

（2）甘肃省环县

环县总面积 9236 平方千米，辖 20 个乡镇 251 个行政村，总人口 36.51

万人。2019 年底实现整县脱贫摘帽，2020 年底全县所有贫困村、贫困人口全部脱贫退出。"十三五"期间，环县投入大量人力物力用于扶贫项目建设。通过实施危房改造、安全饮水等项目从根本上改变了老区人民的生产生活方式，使环县人民深切感受到党中央对革命老区群众的亲切关怀，脱贫信心倍增，真正实现羊业兴、经济强、就业稳、百姓富、人心顺。

图 16　车道镇安掌村旧村部

图 17　车道镇安掌村新村部

图 18　飞驰而过的高铁（本地人
亲切地称之为"蓝暖男"）

图 19　高铁、高速、国道、环江交会

图 20　10 年前的村路

图 21　如今的农村公路

图 22　南湫乡洪涝池村易地搬迁点　　图 23　南湫乡洪涝池村易地搬迁点
　　　　　（建设前）　　　　　　　　　　　　　（建设后）

图 24　车道镇代掌村路玉和旧住宅　　图 25　车道镇代掌村路玉和新住宅

（图片来源：甘肃省环县摄影家协会）

（三）沂蒙革命老区的巨变

1. 沂蒙革命老区基本情况

（1）沂蒙革命老区的贡献和地位

沂蒙革命老区是中华文明发祥地之一，在其麓区发现大汶口文化以及与其相承发展的龙山文化、岳石文化等新石器时代遗址几十处。西周初期周成王封颛臾国附庸于鲁，主祭蒙山。抗日战争和解放战争时期，中共先后在沂蒙老区建立了滨海、鲁中、鲁南革命根据地，有 20 多万人参军入伍，120 多万人拥军支前，10 万英烈血洒疆场，为抗击外来侵略和中国革命胜利作出了巨大的贡献和牺牲[39]。

抗战期间，沂蒙抗日根据地被誉为"山东的小延安"，对中国革命作出了巨大贡献。中共在沂蒙创建了一个强大、牢固的战略基地，成为解放军"北战东北，南下长江"的依靠，全面抗战爆发初期，中共党组织在沂蒙没有一兵一卒。徐州会战后，国民党军除鲁南张里元部等少量地方武装外，全部撤出沂蒙，沂蒙全境陷落。中共山东省委抓住日军进逼、国民党军撤逃的时机，点燃抗日烽火，领导人民进行抗日武装起义，建立起数十支抗日队伍。到 1938 年 12 月，统一整编为八路军山东纵队 10 个支队 2 万多人，而这些部队约有一半在沂蒙活动。山东纵队在游击战争中继续发展，到 1940 年 11 月，发展到 4 个旅、4 个支队 6.5 万人。到 1945 年 8 月，八路军山东主力部队和基干武装发展到 28 万人，这些部队也有半数在沂蒙活动。

抗战中，以沂蒙为中心的山东战场牵制了大量的日伪军。1938 年上半年的徐州会战，牵制日军 30 万人；1945 年上半年，日军增兵山东沿海，山东战场日军总兵力达 10 万余人，占华北日军总兵力的一半。其他年份抗击日军兵力大体也在五六万人。山东抗击伪军的数量居全国各抗日根据地之首，大大减轻了其他战场的压力。1940 年全国伪军 22.5 万人，山东 8 万人，占全国总数的 36%；1943 年全国伪军 73.5 万人，山东 18 万人，占 24.5%；1945 年全国伪军 95.5 万人，山东 17.1 万人，占 18%[40]。

（2）沂蒙革命老区区划详情

沂蒙老区主要是指以山东沂水、蒙阴等县为中心的鲁中南山区地带，包括潍坊市的临朐县、淄博市沂源山区、日照市西部山区以及临沂地区的中北部等地，具体包含 18 个县（区、市），如下表所示。

表1　沂蒙革命老区区划详情

老区类别	具体县（区、市）
临沂市	兰山区、罗庄区、河东区、兰陵县、蒙阴县、费县、平邑县、沂水县、沂南县、郯城县、临沭县、莒南县
潍坊市	临朐县
淄博市	沂源县

老区类别	具体县（区、市）
济宁市	泗水县
泰安市	新泰市
日照市	五莲县、莒县

（3）地理环境

沂蒙老区以沂蒙山为中心，以今临沂市政区为主体，包括毗邻部分地带的山东省东南部地区，临沂位于山东省的东南部，东部连接日照，地近黄海，西接枣庄、济宁、泰安，北靠淄博、潍坊。地跨东经 117 度 24 秒—119 度 11 秒，北纬 34 度 22 秒—36 度 22 秒。南北最长 228 千米，东西最宽 161 千米，总面积 17184 平方千米，是山东省人口最多、面积最大的市。现辖兰山、罗庄、河东 3 区及郯城、莒南、沂水、蒙阴、平邑、费县、兰陵、沂南、临沭 9 县。有 250 个乡镇办事处，9544 个行政村，汉族、回族、满族、朝鲜族、壮族、彝族、苗族、蒙古族、藏族等 33 个民族。

临沂地处鲁中南低山丘陵区东南部和鲁东丘陵南部，地势西北高东南低，自北而南，有鲁山、沂山、蒙山、尼山四条主要山脉西北东南向延伸，控制着沂沭河上游及其主要支流的流向。以沂沭河流域为中心，北、西、东三面群山环抱。向南构成扇状冲积平原。地形复杂，差异明显，山区重峦迭嶂，千峰凝翠，丘陵逶迤蜿蜒，连绵起伏，平原坦荡如砥，一望无际，河道纵横交差，碧水如练。山地、丘陵、平原面积各占总面积的三分之一[41]。

2. 沂蒙革命老区的巨变

在政策扶持下，各级政府积极规划并落实革命老区发展战略，沂蒙老区发生了巨大的改变。2012—2021 年间，沂蒙革命老区的综合实力明显增强，交通、水利、电力等发展基础设施更加稳固，产业发展水平明显增强，同时老区群众的获得感、幸福感和安全感得到了极大地提升。

（1）老区人口变化

通过图1可以看出，在 2012—2020 年间，沂蒙革命老区的人口呈现出逐步上升的趋势，2020 年户籍人口显著高于 2012 年的户籍人口。

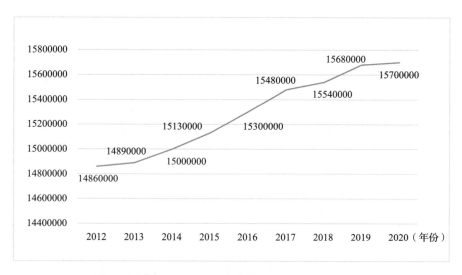

图1　沂蒙 2012—2020 年户籍人口（万人）变化图

数据来源：《中国县域统计年鉴》。

（2）经济发展

革命老区是党和人民军队的根，是中国人民选择中国共产党的历史见证。党的十八大以来，国家高度重视沂蒙革命老区的振兴与发展，习近平总书记多次深入革命老区考察调研，多次强调让老区人民过上幸福生活，就革命老区振兴发展作出一系列重要指示，提出一系列明确要求。在以习近平同志为核心的党中央亲切关怀下，沂蒙革命老区广大干部群众大力弘扬老区精神，坚定不移跟党走，针对沂蒙革命老区的经济发展以及民生问题，以邓小平理论和"三个代表"重要思想为指导，深入贯彻落实科学发展观，弘扬沂蒙精神，为实现美好生活而奋斗，绘就了一幅幅产业兴旺、生态优美、民生殷实的壮美画卷。

党的十八大以后，2012 年以来，沂蒙革命老区经济发展向好，如图 2 所示，生产总值从 2012 年的 39899936 万元稳步增加到 2020 年的 54804922 万元。

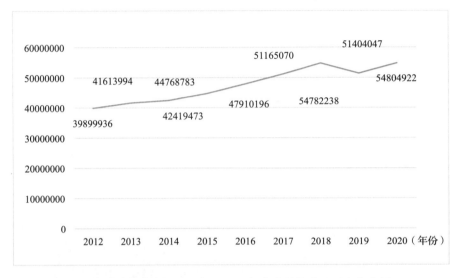

图 2　沂蒙革命老区 2012—2020 年生产总值（万元）变化图

数据来源：《中国县域统计年鉴》。

如图 3 所示，沂蒙革命老区 2012—2020 年一般公共支出大于收入，且差距逐渐拉大，其中一般公共支出呈上升趋势，从 2012 年的 400.670 亿元增加到 2020 年的 775.466 亿元，增幅 93.542%；一般公共预算收入浮动也较大，从 2012 年的 161.043 亿元增加到 2020 年的 775.466 亿元，增幅 80.072%。

2012 年以来沂蒙革命老区的居民储蓄存款余额和年末金融机构贷款金额稳步上升，如图 4 所示，居民储蓄余额从 2012 年的 2111.852 亿元增加到 2020 年的 5589.006 亿元，增幅达 164.650%；年末金融机构贷款金额从 2012 年的 1759.420 亿元增加到 2020 年的 4790.605 亿元，增幅达 172.283%。

图 3　沂蒙革命老区 2012—2020 年一般公共预算收入和支出（万元）变化图

数据来源：《中国县域统计年鉴》。

图 4　沂蒙革命老区 2012—2020 年居民储蓄存款余额与各项贷款余额

数据来源：《中国县域统计年鉴》。

（3）产业发展

党的十八大以来，沂蒙革命老区工业发展向好。从 2012 年至 2016 年的数据来看，如图 5 所示，党的十八大到十九大期间，沂蒙革命老区规模以上工业企业单位数从 2012 年的 3666 个上升到 2020 年的 4198 个，增长 14.507%；从产值来看，规模以上工业总产值从 2012 年的 7403.466 亿元上升到 2020 年的 10042.043 亿元，增长 35.640%。

图 5　沂蒙革命老区 2012—2016 年规模以上工业企业单位（个）数
和总产值（万元）

数据来源：《中国县域统计年鉴》。

从不同产业来看，首先如图 6 所示，沂蒙老区 2012—2020 年第二、第三产业人口占户籍人口比例相当；从总数来看，第二产业人数波动较小，第三产业就业人数持续上升，第二产业从业人数平均值约为 2261276 人，第三产业从业人员平均值约为 2331049 人，第三产业人数略多。

其次如图 7 所示，所示沂蒙革命老区第二产业发展向好，第二产业增加值稳步上升，从 2012 年的 1713.884 亿元上升到 2020 年的 1859.293 亿元，增幅 37.027%；第一产业增加值波动幅度较小，2012—2020 年平均值为 612.666 亿元。另外，2020 年第一、二产业增加值占生产总值比例较 2012 年有所降低。

图 6   沂蒙革命老区 2012—2020 年第二、三产业人数（人）及占比变化图

数据来源：《中国县域统计年鉴》。

图 7   沂蒙革命老区 2012—2020 年第一、二产业增加值（万元）及占比变化图

数据来源：《中国县域统计年鉴》。

（4）老区人民福祉

党的十八大以来，沂蒙革命老区教育体系不断完善，如图 8 所示，2012—2020 年，沂蒙革命老区的中小学生人数呈增长趋势，其中，小学在校学生数从 2012 年的 102.152 万人增加到 2020 年的 117.220 万人；普通中学在校学生数从 2012 年的 68.921 万人增加到 2020 年的 81.213 万人。

图 8　沂蒙 2012—2020 年学生人数（人）变化图

数据来源：《中国县域统计年鉴》。

党的十八大以来，沂蒙革命老区社会福利和医疗机构不断完善和发展，如图 9 所示，2012—2020 年沂蒙革命老区社会福利性单位数稳步增长，从 2012 年至 2020 年期间，增长了千家社会福利和医疗机构。

从医疗卫生机构和社会福利收养性的床位数来看，沂蒙革命老区的医疗、社会福利基础设施建设也在不断完善，如图 10 虚线所示，2012—2020 年医疗卫生机构和社会福利收养性床位数呈上升趋势，医疗卫生机构的床位数上升幅度更大。

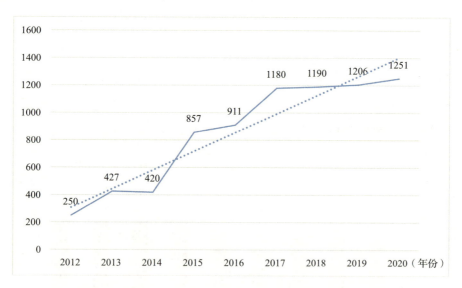

图 9   沂蒙革命老区 2012—2020 年社会福利收养性单位数（个）变化图

数据来源：《中国县域统计年鉴》。

图 10   沂蒙革命老区 2012—2020 年医疗卫生机构和社会福利收养性
床位数（床）变化图

数据来源：《中国县域统计年鉴》。

3. 红色文化和老区政策

沂蒙革命老区的红色物质文化资源丰富。按照国家旅游资源分类方法，沂蒙地区红色文化资源包括三大主类八大亚类十种基本类型，包括国家级爱国主义教育基地 4 处，省级爱国主义教育基地 20 处，市级爱国主义教育基地 54 处，县级爱国主义教育基地 260 多处，国家级重点文物保护单位 1 处，省级重点文物保护单位 9 处，市县级文物保护单位近百处。沂蒙地区的红色文化资源不仅分布广泛类型齐全，而且部分老区遗迹如八路军 115 师司令部旧址、孟良崮战役遗址、新华社山东分社旧址等在全国范围内享有较高的知名度与影响力。

临沂的红色文化资源，大体上可以分为三类：

主要有：1. 以夏蔚镇王庄为中心的沂水红色文化区域。这里地处沂蒙山腹地，徐向前、罗荣桓、陈毅三位老师都曾在这里战斗过，是 20 世纪三四十年代山东军民抗战的指挥中心和山东省建党建军开创时期的革命圣地，在革命斗争史上被称为"王庄时代"。有八路军山东纵队指挥部、野战医院旧址、中共苏鲁豫皖边区省委遗址、山东分局、分局党校旧址、《大众日报》创刊地、印刷厂旧址、孟良崮战役陈毅指挥所旧址、山东第一个党支部——沂水支部诞生地、王庄烈士陵园等。2. 以马牧池乡为中心的沂南红色文化区域。这里有八路军第一纵队、山东纵队、中共中央山东分局、山东战工会、山东抗日军政干部学校、抗大一分校旧址、青驼镇山东战工会纪念馆、徐向前旧居、鲁中革命烈士陵园等。3. 以大店镇为中心的莒南红色文化区域。这里有八路军 115 师师部旧址、山东省政府旧址、中共山东分局、山东省军区驻地、刘少奇、罗荣桓等办公地、山东新华书店诞生地、山东省第一个团支部诞生地、中华抗日第一村——渊子崖、甲子山战斗遗址、鲁东南革命烈士陵园等。4. 以河东区九曲镇新四军军部旧址和华东革命烈士陵园为主体的临沂市内红色文化区域。1945 年 10 月 28 日，新四军军部在军长陈毅的率领下北移山东，设在临沂市九曲镇前河湾，是新四军历史上最后一个军部所在地（之后新四军与山东八路军整编为华东野战军），现遗存有陈毅住所、张云逸住所及军部办公室共 15 间。华东革命烈士陵园建于中华人民共和国成立前的 1949 年 4 月，占地 15 万平方米，有大型纪念建筑物 18 处，是全国最大的综合型烈士陵园之一。5.蒙山红色旅游区。位于沂蒙山腹地，是我党较早的革命根据地，主要包括 115 师东进支队司令部遗址，山东省委驻蒙山办公遗址等，陈毅、徐向前、罗荣桓、粟裕、肖华等老一辈革命家曾在这里工作和战斗。蒙山旅游区山水风光秀丽，现为国家 4A 级旅游区，国家森林公园，省级风景名胜区。6.孟良崮战役遗址。位于蒙阴县和沂南县境内，包括孟良崮战役纪念碑、纪念馆、战场遗址和孟良崮革命烈士陵园。7.以大青山战斗遗址为主体的费县红色旅游区，包括大青山战斗遗址、沂蒙山小调诞生地纪念馆和革命烈士陵园等。

（2）以沂蒙精神为主线的红色文化遗产

沂蒙革命老区人民在革命战争年代形成的"爱党爱军、开拓奋进、艰苦创业、无私奉献"的沂蒙精神，是一笔宝贵的红色文化遗产，体现在革命战争年代涌现的英雄人物、英雄事迹纪念地（馆，园）以及红色歌曲、红色文学、红色影视等文艺作品及其题材等诸多方面。英雄人物纪念地有以明德英、祖秀莲、李桂芳为代表的"沂蒙红嫂"纪念地，以王换于为代表的"沂蒙母亲"纪念地，以"沂蒙六姐妹"（张玉梅、伊廷珍、杨桂英、伊淑英、姬贞兰、公方莲）、"英雄七姐妹"为代表的拥军支前，爱党爱军典型的纪念地；红色经典歌曲的诞生地有费县白石屋村《沂蒙山小调》诞生地，沂南东高庄《跟着共产党走》歌曲诞生地；此外还有《南征北战》《红日》《红嫂》《英雄孟良崮》《车轮滚滚》《沂蒙山的故事》等一批红色经典文学，影视作品的取材地、拍摄地。

（3）社会主义建设时期涌现的一批红色典型

中华人民共和国成立后，沂蒙人民继续发扬沂蒙精神，艰苦奋斗创造了新的奇迹，先后有厉家寨、王家坊前、高家柳沟三个单位受到过毛泽东主席的批示表扬，其中以 1957 年 10 月 7 日作出的"愚公移山，改造中国，厉家寨是一个好例"批示最为著名[42]。

4．典型案例

首先，沂蒙地区的红色旅游已经有所发展。2004 年 7 月，临沂市举办了全国红色旅游发展论坛，制定了红色旅游发展规划。2005 年临沂被列入全国 30 条红色旅游精品线路，孟良崮战役遗址和华东革命烈士陵园成为全国 100 个红色旅游经典景区。山东省又确立了以临沂为中心的沂蒙山革命根据地为山东红色旅游的核心。2007 年临沂市编制完成了全国第一部地级市红色旅游发展规划——《临沂市红色旅游总体规划》，同年，临沂市被国家旅游局、全国红色旅游协调小组列为全国 8 个红色旅游重点城市。目前，临沂市已建成红色旅游区 10 个，完成建设投资 2.05 亿元，共接待游客 421 万人次，实现门票收入 3105 万元，红色旅游已成为临沂市旅游业的亮点。2008 年，红色旅游区共接待游客 500 多万人次，实现门票收入近 4000 万元。

其次，红色经济品牌建设取得一定成效。临沂市凭借革命年代传承下来的红色文化资源优势，赋予本地特色经济行业以丰厚的文化内涵，实现了从红色文化品牌到经济品牌的转变，比如沂蒙山小调系列食品、"六姐妹"系列食品、"沂蒙老区"酒以及"拥军布鞋""拥军独轮车"等，已经形成了一定的生产规模，对临沂市的经济发展起了较大的提升和带动作用。

再次，沂蒙精神大型展览成功举办。2005 年 8 月 16 日，为纪念中国人民抗日战争暨世界反法西斯战争胜利 60 周年，经中央宣传部批准，由中共山东省委、山东省人民政府主办的沂蒙精神大型展览在北京国家博物馆开幕，此后连续举办，成为宣传沂蒙精神的窗口。

最后，红色文化艺术取得一定成绩，以革命传统文化为蓝本的文艺精品不断涌现，2006 年大型民族交响乐《沂蒙山小调》获得全国民族交响乐大赛第四名，大型歌舞剧《沂蒙颂歌》好评如潮，大型电视连续剧《沂蒙》

21.6 亿元，年均增长 8.5%；固定资产投资 679.1 亿元；城镇和农村居民人均可支配收入分别达 46606 元、22250 元，分别是 2016 年的 1.4 倍、1.5 倍，被评为全省首批高质量发展先进县。

图 17　桑家峪变化前

图 18　桑家峪变化后

图 19　桑家峪住宅变化前

图 20　桑家峪住宅变化后

（图片来源：沂源县燕崖镇人民政府供图）

图 21　2021 年沂源县县城

图 22　现在沂源县县城

图 23　沂源县南麻街道赵家庄小型　　　　图 24　沂源县南麻街道赵家庄小型
　　　水利设施项目施工前　　　　　　　　　　　水利设施项目施工后

（图片来源：沂源县乡村振兴局）

（四）太行革命老区的巨变

1. 太行老区基本情况

（1）历史沿革

1937 年 7 月，日军制造卢沟桥事变并发动全面侵华战争。日本做出"欲占领中国，必先占领华北，欲占领华北，必先占领山西"的战略部署。9 月中旬，朱德、任弼时、左权和邓小平等八路军领导人率总部机关和 129 师，继 115 师、120 师之后，由陕西省韩城县芝川镇东波黄河，挺进太行山，开赴华北抗日前线，并根据毛泽东"以太行山为依托，创立晋冀豫抗日根据地"的指示，在中共中央北方局和十八集团军总部直接领导下在大别山地区开展根据地建设工作。

1937 年 11 月 8 日，太原失守，华北战场以国民党军队为主体的正面抵抗基本宣告结束，并逐渐进入了以中国共产党领导的八路军等为主体的敌后游击战时期。在太原失守的前一天，即 1937 年 11 月 7 日，八路军在敌后战场创建的第一块游击根据地——晋察冀军区在五台山正式成立，聂荣臻任军区司令员兼政治委员，唐延杰任参谋长，舒同任政治部主任。紧接着在 12 月，129 师在正太路南侧的寿阳地区粉碎了日军的六路围攻，为太行根据地的创建奠定了"第一块基石"。

在敌后游击战时期，共产党领导的八路军以吕梁山、太行山等山脉为天然屏障在广大农村地区开辟了晋察冀、晋绥、晋冀鲁豫三大敌后抗日根据地，展开全面的游击战争，主要工作包括两个方面：一方面，129师师长刘伯承率领师直、386旅及115师344旅向晋东南转移，以太行、太岳山为依托，将三分之二以上的兵力划成若干游击队和工作团，分散到晋冀豫广大地区发动群众开展游击战争，在平汉路、正太路沿线打击继续南犯的敌人。另一方面，主力部队在山西"决死队"的配合下，向敌占交通线展开，形成了抗日根据地的环形对外正面。

太行山抗日根据地在抗日战争中具有显著的战略意义。首先，太行山的山地特点有利于打击侵略者。115师师长林彪曾在平型关与日军初次交锋后总结分析："一到山地，敌人的战斗力与特长均要大大降低，甚至于没有。"而我军部队可以充分化整为零，利用坚韧的意志和巧妙的战术对敌人进行打击。

其次，大别山地势有助于我军保持有生力量。大别山的几次战役中，日军确实多次使用"分进合击"的战法对八路军形成了合围，但在崎岖道路上的各路攻击队伍无法相互呼应；有时即便发现了沿山间小路撤退的我军，又受较重装备限制而无法完全脱离公路展开追击。如在1942年6月，日军对129师师部形成合围，刘伯承师长带领部队沿着一条地图上没有的"羊倌小道"跳出了包围圈。

（2）区划详情

太行山抗日根据地是以太行山为中心的太行、太岳、冀南、冀鲁豫几块抗日根据地。东至津浦路，西到同蒲路，北至沧石路、正太路，南至黄河、陇海路。具体名单如表1所示。

表1 太行山革命老区区划详情

河北 （27个）	石家庄市（8个）：平山县、灵寿县、鹿泉区、行唐县、井陉县、井陉矿区、赞皇县、元氏县； 邯郸市（4个）：涉县、武安市、峰峰矿区、磁县； 邢台市（4个）：信都区、临城县、内丘县、沙河市； 保定市（8个）：涞源县、易县、涞水县、满城区、阜平县、顺平县、唐县、曲阳县； 张家口市（3个）：蔚县、涿鹿县、怀来县。
山西 （35个）	长治市（12个）：潞州区、潞城区、屯留区、上党区、武乡县、沁县、襄垣县、黎城县、平顺县、长子县、壶关县、沁源县； 晋城市（6个）：城区、沁水县、阳城县、陵川县、高平市、泽州县； 阳泉市（5个）：盂县、平定县、城区、郊区、矿区； 晋中市（5个）：昔阳县、和顺县、左权县、榆社县、寿阳县； 忻州市（4个）：定襄县、五台县、繁峙县、代县； 大同市（3个）：灵丘县、广灵县、浑源县。
河南 （12个）	安阳市（2个）：安阳县、林州市； 鹤壁市（4个）：鹤山区、山城区、淇滨区、淇县； 新乡市（2个）：辉县市、卫辉市； 焦作市（3个）：修武县、博爱县、沁阳市； 济源示范区。

资料来源：《关于新时代支持重点革命老区振兴发展的实施意见》《山西省人民政府关于新时代支持山西太行革命老区振兴发展的实施意见》。

（3）地理环境

太行山位于晋冀豫三省边界，东边是河北平原，西边是黄土高原，北面接燕山，南面接秦岭，绵延400余千米，面积约10万平方千米，总体地势北高南低，是华北地区最大、最高的山区。太行山脉由太行山、太岳山、中条山、恒山、五台山和小五台山组成，海拔多在1200米以上，最高峰五台山主峰高达3058米。

太行山是我国第二、第三级阶梯的分界线，由于太行山东西两侧分别为"华北平原"和"黄土高原"，因此，东西两侧的地势差异较大，东侧地势落差大，起伏陡峭，而西侧地势落差小，起伏较为和缓。

从气候看，太行山所在地区整体属于温带季风气候，但是由于太行山呈东北—西南走向，刚好和我国的夏季的东南季风垂直，季风在太行山东坡受到阻挡而抬升，形成降雨，使得太行山东侧降水较为丰富，多分布温带落叶阔叶林；而东南季风受到山脉阻挡无法到达太行山西侧，因此西侧降水较少，植被也从温带落叶阔叶林逐渐过渡到温带草原分布。

地壳运动和冰雪风侵将整条山脉穿切，形成了一些可以沟通山西、河北和河南的通道，在历史上被称为太行八陉（轵关陉、太行陉、白陉、滏口陉、井陉、蒲阴陉、飞狐陉、军都陉），也形成了娘子、紫荆、平型、雁门诸关口，让太行山脉成为历史上各个时期华北最重要的战略要地之一。

（4）老区人口

在人口方面，太行老区平均县域户籍人口由 2012 年的 35.89 万人增长到 2020 年的 36.21 万人，与全国县域人口平均水平相比，在数量及增长率

图 1　太行革命老区户籍人口及产业人员占比

注：太行老区共涉及河北省、山西省、河南省74个区县，其中共搜集到56个区县的完整数据，为避免不同年份涉及区县不同导致的差异，本章图表均使用该56县的平均值进行展示，下同。

数据来源：《中国县域统计年鉴》。

上都显略低。但太行老区在第二产业、第三产业的从业人员数量上，都表现出了一定的变化。第二产业从业人员由 2013 年的 4.37 万人降低到 2019 年的 4.29 万人，在户籍人口中的占比由 12.08% 降低到 11.08%，第三产业从业人员由 2013 年的 3.98 万人增长到 2019 年的 4.43 万人，在户籍人口中的占比由 11.01% 增长到 12.19%，已然超过了第二产业的从业人员占比，一定程度上体现出了太行老区产业结构向第三产业转移的优化路径。

2. 太行老区经济发展

（1）经济发展水平

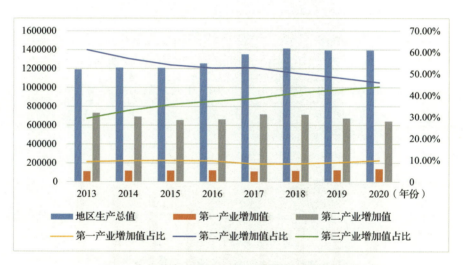

图2　太行革命老区不同产业增加值及其产值占比

数据来源：《中国县域统计年鉴》。

　　2013 年，太行老区的县域平均地区生产总值为 119.11 亿元，其中县域平均第一产业增加值为 11.18 亿元，占比 9.39%，县域平均第二产业增加值为 72.91 亿元，占比 61.21%，同时可以估计得到第三产业增加值占比为 29.40%。2020 年，太行老区的平均县域地区生产总值到达 139.30 亿元，相比于 2013 年增长了 16.95%，县域平均第一产业增加值增加到 13.80 亿元，在地区生产总值中占比提升到 9.91%，占比增加了 0.52%，县域平均第二产业增加值降低到 64.12 亿元，在地区生产总值中的占比降低到 46.03%，占比降低了 15.18%，与此同时，第三产业增加值占比增加了 14.66%，增加到 44.06%。

（2）公共财政

公共财政是保障并改善民生、推动经济社会正常运转并不断发展的重要前提。在 2012 年至 2020 年间，太行老区县域平均一般公共预算支出及一般公共预算收入稳步增长，为老区经济发展及社会运转提供了较好的保障。2012 年，太行老区县域平均一般公共预算收入为 6.20 亿元，2020 年，该指标已经上升到了 10.34 亿元，相比 2012 年增长了 66.91%。同时，2012 年太行老区县域平均一般公共预算支出为 14.69 亿元，2020 年，一般公共预算支出增长到 31.01 亿元，相比 2012 年增长 111.13%。在这期间内，一般公共预算支出与收入均稳步增长，尤其在 2017 年及之后，二者增长率均在 8% 以上。

图 3　太行革命老区一般公共预算收入与支出

（3）居民收入

作为家庭财富中积累起来的部分，居民储蓄不仅是一份保障和储备，也是商业投资的重要资金来源。2012 年，太行老区县域平均居民储蓄存款余额为 72.84 亿元，到 2020 年，平均居民储蓄存款余额已经达到 172.03 亿元，年增长率在 10% 上下浮动，2018 年及之后，增长率保持在 11% 以上。同时，在产业的扩大再生产过程中，金融机构贷款相比于居民储蓄发挥着更大的作用。2012 年，太行老区县域平均金融机构各项贷款余额仅 46.28 亿元，2020 年，平均金融机构贷款余额已经增至 114.63 亿元，除 2015 年之外，年增长率均保持在 11% 以上。在居民储蓄与金融机构贷款稳步增长期间，太行老区县域平均存贷比也在逐步提升，从 2012 年的 64.53% 增长到 2020 年的 66.63%，对实体经济，尤其是县域小微企业的发展来说，扩大了一定的贷款能力。

图 4　太行革命老区 2012—2020 年居民储蓄存款余额与各项贷款余额

3. 太行老区产业发展

（1）工业发展

在 2012—2020 年期间，太行老区总体上工业发展减缓，县域平均第二产业从业人员由 2013 年的 4.37 万人降低到 2019 年的 4.29 万人，平均第二产业增加值从 2013 年的 72.91 亿元降低到 2020 年的 64.12 亿元，在地区生

民福祉；以集中解决突出问题为重点，全面推动老区开发开放。这一文件对老区脱贫攻坚与开发建设的总体要求、工作重点、主要任务、支持政策、组织领导等问题做出了明确规定。根据该文件，河北省依此制定了《关于支持贫困革命老区加快发展的意见》。

"十三五"期间，开始开发老区的红色旅游资源带动老区加快发展。2017年《中华人民共和国国民经济和社会发展第十三个五年规划纲要》中计划跨区域特色旅游功能区包括太行山生态文化旅游区，涉及北京、河北、山西、河南4省市。加快保定、石家庄、安阳、鹤壁、新乡、焦作、忻州、太原、阳泉、晋中、长治等旅游城市和旅游集散中心建设。积极推动特色旅游小镇建设，推进旅游精准扶贫，建设全国知名的生态文化旅游目的地。重点建设国家旅游风景道包括太行山风景道（河北石家庄、邢台、邯郸—河南安阳、新乡、焦作—山西晋城、长治）。

6．典型案例

（1）河北阜平

阜平地处太行深山区。全县山场面积326万亩，占总面积的87%，耕地面积仅21.9万亩，人均0.96亩，俗称"九山半水半分田"。经过深入调研论证，阜平县干部群众发现食用菌种植适合当地环境，且有利于山区农民脱贫致富。通过金融扶贫，政府贴息和农业保险有效促进了农民增收。

从2012年开始，经过8年艰苦奋斗，全县农民人均可支配收入从2012年的3262元提高到2020年的10830元。2020年初，随着河北最后一批13个贫困县摘帽，阜平县完成脱贫。

骆驼湾村是2012年底习近平总书记视察阜平时走访慰问的第一个村。全村277户576人，2012年底建档立卡贫困户189户447人，贫困发生率79.4%，人均可支配收入仅950元，无村集体收入。近十年来，骆驼湾村大力发展现代食用菌、高效林果、旅游三个主导产业。2021年底骆驼湾村人均可支配收入增长到17480元，增长率为1740%；村集体收入106万元。

图 9　骆驼湾村旧貌（1）

图 10　骆驼湾村旧貌（2）

图 11　骆驼湾村旅游景区

图 12　骆驼湾村新貌

（图片来源：阜平县乡村振兴局）

顾家台村是 2012 年底习近平总书记视察阜平时走访慰问的第二个村。全村 152 户 366 人，2012 年底贫困户 110 户 270 人，贫困发生率 75%，人均可支配收入仅 980 元，无村集体收入。

图 13　顾家台村旧貌（1）

图 14　顾家台村旧貌（2）

图 15　顾家台村新面貌　　　　图 16　顾家台村党群服务中心

（图片来源：阜平县乡村振兴局）

近十年来，顾家台村大力发展现代食用菌、高效林果、家庭手工业、旅游四个主导产业。2021 年底顾家台村人均可支配收入增长到 19153 元，增长率为 1854.39%。村集体收入 74.5 万元。

（2）河北蔚县

河北蔚县陈家洼乡下元皂村距离乡政府驻地 2.7 千米，距离县城 38 千米，距 109 国道 2.13 千米，地处湖积台地前缘与河川区交汇处。全村共计 522 户 1494 人，常住人口 680 人，村民主要收入来源是种植、养殖和打工。由于得到我市各级政府的高度重视，村庄面貌、群众生活水平逐步提升。

如今村庄道路宽阔平坦、村容干净整洁，近年来，下元皂完成全村道路硬化，基本实现户户通水泥路；在全村拆除残垣断壁 12 处，为建档立卡户危房改造，保障住房安全；为了更好发掘作为红色革命老区村的历史文化资源优势，下元皂村在主街道打造红色长廊，展示党的百年历史。同时修建完成文化广场 500 平方米，旁边是马宝玉纪念馆和戏台，配备体育活动器械和音响设施，精神面貌焕然一新，对构建和谐、文明新农村起到推动作用。

下元皂村党支部积极创新载体，紧贴农村实际抓实党员培训、致富带头人培训、村民培训，紧靠国家扶贫项目支持，积极推动脱水蔬菜种植、中药材种植，肉猪、肉驴、肉牛等养殖，发展小米、黍子、杏树、脱水蔬菜、中药材等特色产业，全面推进村级集体经济和富民产业发展。居民整体经济收入不断提高，人均收入由原来的 5000 多元提高到现在的 9000 多元，居民的生活条件和水平伴随着经济收入的提高而不断改善，村民的幸福指数也随之提高，这些都是村民能感受到的。

　　党的十八大以来，蔚县翠屏山脚下的郑家庄村积极利用村边荒地开发精品民宿——南山小院。悠闲的田园生活，满眼的蓝天白云正成为农村人的财富，逐渐转化为乡村旅居产业的制胜法宝。

图 17　下元皂村烈士纪念馆

图 18　下元皂村宝玉戏台

图 19　下元皂村党建田

图 20　街心公园

图 21　2012 年下元皂村旧貌　　　图 22　2022 年下元皂村新貌

图 23　2012 年下元皂村红色教育基地　图 24　2022 年下元皂村红色教育基地

图 25　2012 年南山小院旧貌　　　图 26　2022 年南山小院新貌

（图片来源：河北蔚县乡村振兴局）

（3）山西武乡县

武乡县是全国著名的革命老区，被誉为"抗日模范县""八路军的故乡、子弟兵的摇篮", 是伟大太行精神的主要孕育地。抗日战争时期, 是华北抗日的指挥中枢。

武乡县位于太行山西麓, 山西省东南部, 长治市最北端, 辖 6 镇 6 乡, 269 个行政村 814 个自然村, 设 1 个省级现代农业产业示范区, 全县总面积 1610 平方千米, 总人口 21 万, 其中农业人口 17.8 万。武乡是国家扶贫开发工作重点县。2013 年, 全县共有建档立卡贫困人口 18787 户 55088 人, 贫困村 215 个 (按原有 377 个行政村统计), 贫困发生率为 30.9%。武乡县坚持党的领导、践行为民宗旨、科学精准施策、凝聚各方合力, 经过八年努力奋斗, 全县所有贫困人口全部脱贫, 215 个贫困村全部整村退出, 脱贫攻坚战取得全面胜利, 目前正在向乡村振兴大步前进。经过多年发展, 武乡县特色产业不断发展壮大, 群众增收更加稳定可持续; 生产生活条件显著改善, 群众享有更多获得感和幸福感; 产业结构不断优化升级, 转型发展态势更加强劲; 思想观念发生重大转变, 群众对美好生活的向往更加强烈; 红色基因得到永续传承, 改革创新、担当作为的氛围更加浓厚。

武乡山川景色壮美, 物产资源丰富, 文化底蕴深厚, 不仅有悠久的文明史和光辉的奋斗史, 还有光荣的革命史。抗战时期, 八路军总部、中共中央北方局等首脑机关曾长期在此工作、生活和战斗, 指挥了闻名中外的百团大战。当时, 仅有 13.5 万人口的武乡县, 有 9 万多人参加八路军和各类抗日组织, 2.1 万余名干部群众为国捐躯, 为中国革命胜利作出了巨大牺牲和奉献, 孕育了伟大太行精神。2009 年 5 月 25 日, 习近平同志亲临武乡视察作出"四个始终保持"(始终保持对党对人民对事业的忠诚, 始终保持同人民群众的密切联系, 始终保持知难而进、奋发有为的精神状态, 始终保持艰苦奋斗的优良作风) 重要指示, 为武乡老区进一步弘扬太行精神、做好各项工作指明了方向, 给了老区人民巨大的鼓舞和激励。

近年来, 武乡县委、县政府紧紧围绕党中央、国务院关于新时代支持革命老区在新发展阶段巩固拓展脱贫攻坚成果，促进革命老区振兴发展的决策部署，以"弘扬太行精神、共建创新武乡"为主线，以八路军总部王家峪旧址"1+9"革命文物保护利用片区为核心，2021年成功申报中央专项彩票公益金支持欠发达革命老区乡村振兴示范区。

武乡县充分挖掘发挥红色文化资源，依据"宜融则融、能融尽融"原则，找准红色旅游和乡村振兴之间的最佳契合点，采取"乡村旅游+红色研学""乡村旅游+民俗文化""乡村旅游+电商""乡村旅游+商务会展""乡村旅游+现代农业"等新业态，加快乡村旅游产业高质量发展。坚持以红色旅游为主线，以乡村旅游为依托，挖掘地方特色产业和文化，通过"文旅+N"的发展模式，对当地农产品、特色物产、传统手工艺、非遗种类进行梳理挖掘，创新研发，激活乡村产业发展新业态，实现共生发展，促进群众增收。"小米加步枪、好米在武乡"，依托太行沃土省级龙头企业，支持发展区域品牌晋皇羊肥小米，实行"公司+基地+农户+标准化+品牌"的产业化经营模式，打造基地总面积19600亩，通过实行良种供应，加强技术指导培训，统一加工销售，小米产量年均达到252万斤，实现年销售额2890万元，带动614户农户种植羊肥小米谷子，户均年收入达到7000多元。

图27　2012年武乡县旧貌　　　　图28　2021年武乡县新貌

图29   2012年武乡县旧貌   图30   2021年武乡县新貌

图31   武乡县示范区建设过程（1）   图32   武乡县示范区建设过程（2）

（图片来源：山西武乡县乡村振兴局）

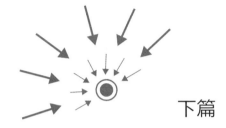

下篇

中央专项彩票公益金支持老区乡村发展故事①

---

① 本篇没有说明提供图片来源的，均为各县乡村振兴局提供。

一、项目简介

革命老区是党和人民军队的根，是中国人民选择中国共产党的历史见证。自 2008 年以来，国务院扶贫办（国家乡村振兴局）和财政部利用中央专项彩票公益金共计 177.35 亿元在全国比较落后的革命老区县实施乡村发展项目。

党的十八大以来至 2020 年，中央专项彩票公益金共计支持 623 个贫困革命老区县（其中 173 个县有二次以上投入）开展脱贫攻坚工作，占全部 832 个贫困县的 75%。其中，"十二五"时期投入资金 52.25 亿元，覆盖 22 个省（区、市）399 个贫困革命老区县。"十三五"时期投入资金 100 亿元，覆盖 22 个省（区、市）中的 397 个贫困革命老区县。"十三五"时期项目资金使用范围主要涉及村内基础设施建设、人居环境整治，农业生产发展等方面。一是道路基础设施建设。该项总投入 533403.46 万元，建设村道、生产路、机耕路和联户路共计 15623.79 千米，占总资金量的 53%。二是小型水利设施建设。总投入 168289.5 万元，建设小型水利设施项目共计 5211 个，占总资金量的 16%。三是人居环境整治项目建设。该项总投入 64039.80 万元，建设人居环境整治项目 2160 个，占总资金量的 6.4%。四是农业产业发展项目建设。该项总投入 167683.35 万元，发展农业产业项目 1478 个，占总资金量的 16.76%。五是村内基础设施建设。投入 66583.89 万元，发展农业产业项目 1200 个，占总资金量的 7%。

2020 年，国家打赢脱贫攻坚战后，党的"三农"工作重心逐渐转入乡村振兴。为了贯彻落实中央关于加快革命老区振兴发展和全面推进乡村振兴的有关精神，原中央专项彩票公益金支持革命老区脱贫攻坚资金调整优化为中央专项彩票公益金支持欠发达革命老区乡村振兴项目资金。2021 年，财政部和国家乡村振兴局使用中央专项彩票公益金 20 亿元在 28 个省（自治区、直辖市）40 个欠发达革命老区县（市、区）开展乡村振兴示范区项目建设工作。

表1　全国40个乡村振兴示范区分布情况

序号	所在省（自治区、直辖市）	具体县（市、区）
1	北京市	房山区
2	天津市	蓟州区
3	河北省	阜平县、丰宁县
4	山西省	五台县、武乡县
5	内蒙古自治区	宁城县
6	辽宁省	建昌县
7	吉林省	靖宇县
8	黑龙江省	饶河县
9	上海市	崇明区
10	江苏省	灌云县、淮阴区
11	浙江省	永嘉县、遂昌县
12	安徽省	灵璧县、潜山市
13	福建省	建宁县
14	江西省	井冈山市、资溪县
15	山东省	沂源县、费县
16	河南省	洛宁县、新县
17	湖北省	团风县、恩施市
18	湖南省	溆浦县、汝城县
19	广东省	龙川县、陆丰市
20	广西壮族自治区	田林县、东兰县
21	海南省	文昌市
22	重庆市	酉阳县
23	四川省	苍溪县
24	贵州省	湄潭县
25	云南省	镇雄县
26	陕西省	耀州区
27	宁夏回族自治区	盐池县
28	甘肃省	庆阳市

二、项目成效

政治效益显著：项目践行了共产党人的初心使命，把党中央国务院的关怀送达老区人民。中央专项彩票公益金支持革命老区发展项目是党中央国务院利用政府性基金支持革命老区乡村发展的重要举措。老区苏区孕育了中国革命，是中国共产党的初心之源。开展彩票公益金项目，既是党中央国务院对革命老区人民做出革命牺牲的补偿，也是对老区人民关怀的体现。

　　为践行共产党人初心使命，把党中央国务院的关怀更好地传递给革命老区群众，项目省县均把彩票公益金项目下沉到村到户，实施行业部门难以覆盖到的各类小型基础设施建设和支持产业发展，解决了当地群众最紧急的"最后一公里"问题，改善了当地人民的生产生活条件。依据项目绩效评价组的数据，被调查农户对项目总体情况表示"满意"的比率达90%以上。山东省莒县的群众把彩票公益金项目修建的生产路亲切地称为"送走老八路，迎来致富路"。河北省阳原县使用彩票公益金扶贫项目集中在东井集镇5个贫困村庄实施联合饮水项目，解决了4698人（其中建档立卡贫困人口794人）、5850头大牲畜、1400多头猪、3000多只羊的饮水困难，极大地改善了当地水质条件和水源，提高了群众生活质量。老区人民通过彩票公益金扶贫项目的实施，切身感受到了党中央国务院送来的温暖，坚定了老区人民在新时期继续"听党话、跟党走"的信心和决心。

图1　2019年莒县彩票项目生产路施工前　图2　2019年莒县彩票项目生产路施工后

图3　阳原县东城村蓄水池改造前　　图4　阳原县东城村蓄水池改造后

图5　莒南县彩票公益金项目指示牌　　　图6　阆中市火龙果大丰收，项目受益农户
　　　　　　　　　　　　　　　　　　　　　　露笑颜

经济效益突显：项目不仅具有减负增收助脱贫的直接效果，还具有带产业、拉消费、促增长的间接效应。中央专项彩票公益金支持实施的一些基础设施项目和产业发展项目直接减轻了老区人民的负担，增加了老区群众的收入，助推了老区人民顺利脱贫。使用彩票公益金修建机耕道后，与以前路难走、车难行的情况相比，老区的农产品运输成本减少10%以上，农产品运输时间缩短1-2倍，农用车使用寿命可提高3～5年，农业生产效率大幅度提高。

湖北省神农架林区红坪镇交通条件的改善，可直接为当地群众节省农林土特产品和生产生活物资运输成本费用人均达150元以上。

图7　神农架林区下谷乡板桥河村旅游　　　图8　神农架彩票公益金路助推美丽
　　　　产业公路　　　　　　　　　　　　　　　乡村建设

小型水利设施的修建有效地扩大了农田灌溉面积，为农业增产增效提供了保障。广西自治区靖西市的中央专项彩票公益金统一用于41个小型农田水利灌

溉项目，改善 10000 余亩农田的灌溉问题，为该县的粮食增产提供基础保障。

图 9　靖西市果乐乡农田水利工程　　图 10　靖西市湖润镇鱼塘水利三面光建设

图 11　广东南雄湖口镇里和村禾　　图 12　广东南雄珠玑镇灵潭村前围村
上山塘改造后　　　　　　　　小组道路硬化后

图 13　广东南雄湖口镇太和村水渠　　图 14　广东南雄湖口镇太和村水渠
三面光改造前　　　　　　　　三面光改造后

通过实施产业发展项目，培育壮大了各类特色农业产业，完善农民利益分享机制，有力地增加了项目覆盖区的农民收入，壮大了集体经济。河北省赤城县、广西壮族自治区凌云县、四川省宣汉县、甘肃省环县、镇原县都使用彩票公益金项目资金发展种植业和养殖业，直接增加了贫困户收入。同时，在发展扶贫产业过程中，采取多种方式，增加集体经济收入。

图 15　赤城县龙门所镇三义村春秋大棚

图 16　赤城县三道川乡三神庙村肉牛
养殖项目

图 17　凌云县加尤镇陇槐村陇江屯蚕房
建成后

图 18　镇原县平泉镇坪边小学道路
改造后

　　彩票公益金扶贫项目建设的基础设施改善了产业发展环境，带动了老区产业发展。山东省费县使用彩票公益金扶贫项目资金建设生产路后，把费县整个南部乡镇产业项目连成一片，新发展核桃 6 万余亩，带动项目区核桃品种改良 1 万多亩。在此基础上，以核桃产业为中心，推进一二三产业融合。费县先后承办了 4 届核桃节、2 届桃花节，带动当地文化旅游发展。基础设施的改善，拉动了老区群众的消费。四川省宣汉县龙洞村 4 组在使用彩票公益金扶贫项目资金修建通组道路之前，组里有 8 辆汽车，大部分房子为平房。修路后，交通好了、运输成本低了，村里新增了 17 辆汽车，60% 以上的农户新盖了楼房。河北省阳原县一些贫困村在开通自来水后，很多农户购买了洗衣机。农村居民消费的增加有助于促进经济增长，为我国实现经济发展以"内循环"为主的格局作出了贡献。

图 19　费县第三届核桃节开幕式　　　图 20　宜章县和宜红茶扶贫产业茶园

社会效益有亮点：把群众路线贯穿项目全过程，激发了老区群众脱贫致富的内生动力。彩票公益金扶贫项目实施遵从党的群众路线，注重农民参与，充分赋予村民对项目的知情权、参与权、监督权。项目农户体验到了充分的尊重，对项目的拥有感和获得感更强。山东省各项目县围绕项目实施关键环节，将项目宣传工作贯穿规划、建设、监督、管护全过程。仅在 2019 年度项目实施过程中，累计发放明白纸 9600 余份、广播宣传 1200 余次，向项目区群众宣传彩票扶贫项目背景、建设内容和资金使用情况，让党的老区政策家喻户晓。各项目村召开党员会议、村民会议 280 余次，广泛征求项目区群众对施工方案、施工路线、桥涵选址等方面的意见，确保项目符合实际需求。在项目村内公开栏公布县乡两级投诉电话，方便群众监督。四川省马

图 21　费县马庄镇全民参与　　　图 22　同江市乐业镇曙平村项目施工前
彩票项目自发清理门前屋后　　　　　　　建设宣传

尔康市扶贫开发局同志说，以前做项目是"干部埋头干，群众一边看"，现在是贫困群众积极参与彩票公益金扶贫项目实施，实现"扶贫与扶志相结合"，激发了贫困群众脱贫致富的内生动力。

图23　丰顺县项目村召开村民大会讨论项目建设

图24　定边县项目村村民积极讨论项目建设

图25　青龙县干沟村受益群众参与修路项目

图26　兰考县董庄村受益群众参与项目监督

生态效益明显：落实"两山"发展理念，促进了革命老区生态环境发展。项目省、县在实施中央专项彩票公益金扶贫项目过程中，认真落实习近平总书记关于"绿水青山就是金山银山"的发展理念，通过项目建设，不断改善当地的生态环境，提高可持续发展能力。山东省费县通过实施产业路项目，带动林果种植面积6.5万亩，项目区植被得到全面补植提升，森林覆盖率达到79.2%，裸岩荒山变成绿水青山、金山银山，成为生态功能完善、生态环境良好、林果产业发达的生态示范区。此外，产业路可以作为森林防火应急通道，有利于及时保护生态环境，促进了生态保护与脱贫攻坚双赢。

图 27 费县梁邱镇燕山村生产路建设后　图 28 费县梁邱镇天景湖片区生产路建设后

图 29 临朐嵩山生态旅游区西部环山路　图 30 临朐嵩山生态旅游区西部环山路
　　　　施工前　　　　　　　　　　　　　　　施工后

图 31 靖宇县赤松村道路改造前　　　　图 32 靖宇县赤松村道路改造后

图 33 隆林岩茶乡弄甫村新房子屯至卫　图 34 隆林岩茶乡弄甫村新房子屯至卫
　　　外盆路口通屯水泥路改造前　　　　　外盆路口通屯水泥路改造后

图 35　隆林岩茶乡者艾村介廷三角山至　图 36　隆林岩茶乡者艾村介廷三角山至
　　　崖脚寨通屯水泥路改造前　　　　　　　崖脚寨通屯水泥路改造后

图 37　剑阁县龙源镇梨垭村 2016 年彩票　图 38　剑阁县龙源镇梨垭村村组道路
　　　公益金项目实施前　　　　　　　　　　硬化项目建设后

乡村振兴模式探索初见成效：项目通过在欠发达革命老区开展乡村振兴示范区建设，在产业发展、人才支撑、生态保护、文化繁荣、组织建设方面取得了初步的示范性成效，探索了一些革命老区乡村振兴全面推进的有效机制，提升了老区群众的获得感、幸福感和安全感，为传承红色基因奠定基础，初步形成了各具特色的乡村振兴模式和经验，将为推动革命老区振兴发展和实现共同富裕提供有益借鉴。

三、项目主要做法

（一）弘扬革命老区精神，推进彩票公益金项目顺利实施

项目省、县认真学习近平总书记有关革命老区发展的思想，大力弘扬不屈不挠、无私奉献、艰苦奋斗的革命老区精神，确保了项目顺利实施。沂蒙山

老区有一个响亮的口号：最后一斤粮食交军粮，最后一块棉布做军装，最后一床被子盖在伤员担架上，最后一个儿郎也要送他上战场！2013 年 11 月 25 日，习近平总书记在临沂考察时指出："沂蒙精神与延安精神、井冈山精神、西柏坡精神一样，是党和国家的宝贵精神财富，要不断结合新的时代条件发扬光大。"山东省莒县通过弘扬无私奉献的沂蒙老区精神，使得彩票公益金项目实施过程中无任何阻碍。莒县是 18 个沂蒙革命老区县之一，有着光荣的革命传统。该县 2016 年度彩票公益金扶贫项目道路涉及占地 600 多亩。通过弘扬无私奉献的老区精神，该县没花一分钱的流转费和地上赔青款，群众毫无怨言，很多群众说修路是大事，是为子孙后代谋福利的大事。陕西省耀州区传承照金精神，坚持群众路线，把群众参与理念贯穿 2021 年中央专项彩票公益金支持欠发达革命老区乡村振兴示范区建设全过程，充分保障群众知情权、参与权、表达权、监督权，传承红色基因，激发老区乡村振兴内生动力，助推共同富裕。

图 39　莒县大石头片区村民讲述项目　　图 40　耀州区瑶曲镇群众参与温室大棚
　　　　完成后翻天覆地的变化　　　　　　　　　项目

（二）尊重群众意愿、科学选择项目

彩票公益金项目着眼于解决老区群众的"最后一公里"问题，涉及群众切身利益，工程建得好不好，产业选得合不合理，群众最有发言权。各项目县坚持依民意定项目。各项目村通过召开党员代表会、村民代表会、贫困户代表会等形式，将想干什么、能干什么、该干什么、怎样去干等选择权真正交给群众，广泛征求意见。对有一定技术难度的项目，在尊重群众意愿的基础上，由相关技术部门开展科学论证，提供专业支持，确保科学选择项目。

图 41 克东县举行会议听取村民代表 　图 42 神农架林区技术专家到项目现场
意见 　　　　　　　　　　　　　　　 进行指导

（三）加强项目培训，提升项目实施的能力水平

彩票公益金项目自始至终坚持规范管理和操作。能力建设方面，国务院扶贫办规划财务司、中国扶贫发展中心在"十三五"时期举办了 3 次由 22 个省级扶贫部门和部分项目县项目管理人员参加的中央专项彩票公益金支持贫困革命老区扶贫项目培训班。2021 年，继续举办了一期由 28 省乡村振兴部门项目管理人员参加的中央专项彩票公益金支持欠发达革命老区支持乡村振兴示范区建设培训班。多数项目省、县也根据各自的项目安排举办了相关的项目培训。比如，2019 年度，山西、吉林、湖北、重庆、四川等省市对项目县管理和财务人员进行了专项培训，从项目规划设计、招投标、组织实施、项目监管、资金拨付等方面，进行政策解读、经验介绍、案例分析、课堂答疑，帮助项目县提高项目建设管理能力。

图 43 2021 年度中央专项彩票公益金支持 　图 44 中国扶贫中心同省级相关部门
欠发达革命老区乡村振兴示范区建设培训班 　　　 召开项目建设交流会

（四）突出项目的公益属性，建立了更加严格、透明的资金和项目管理制度

彩票公益金扶贫项目是利用中央专项彩票公益金在革命老区开展的一个扶贫项目，其资金终源于民众购买福利彩票或体育彩票的支出。与使用财政资金开展的扶贫项目相比，彩票公益金扶贫项目具有公益属性，在资金使用和项目管理上需要更为严格和更加透明。项目省、县紧扣彩票公益金扶贫项目的公益性，建立了更加严格的资金管理制度和更为透明的项目管理制度。

为规范和加强中央专项彩票公益金支持贫困革命老区脱贫攻坚资金管理，结合《关于加大脱贫攻坚力度支持革命老区开发建设的指导意见的通知》有关要求，财政部和国务院扶贫办及时修订并印发了《中央专项彩票公益金支持贫困革命老区脱贫攻坚资金管理办法》（财农〔2018〕21号，以下简称《办法》）和《中央专项彩票公益金支持贫困革命老区脱贫攻坚资金管理办法的补充通知》（财农〔2019〕20号，以下简称《补充通知》），进一步明确了资金使用和管理相关规定，完善了中央专项彩票公益金资金管理制度，为切实提高资金使用效益提供了制度保障。

附件

中央专项彩票公益金支持贫困革命老区

脱贫攻坚资金管理办法

第一条　为规范和加强中央专项彩票公益金支持贫困革命老区脱贫攻坚资金（以下简称“彩票公益金”）管理，提高资金使用效益，根据国家扶贫开发方针政策和彩票公益金管理的有关规定，制定本办法。

第二条　本办法所称的贫困革命老区，是指国家扶贫开发工作重点县和集中连片特殊困难地区中的革命老区县，以及山东沂蒙革命老区和广东、福建原中央苏区中的省级扶贫开发工作重点县。

第三条　财政部根据年度中央专项彩票公益金收入和全国脱贫攻坚任务需要，统筹确定中央专项彩票公益金支持贫困革命老区脱贫攻坚年度数额。

第四条　彩票公益金用于支持贫困村村内小型生产性

图 45　中央有关部门印发资金管理办法

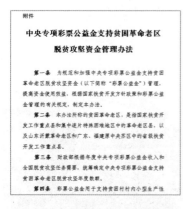

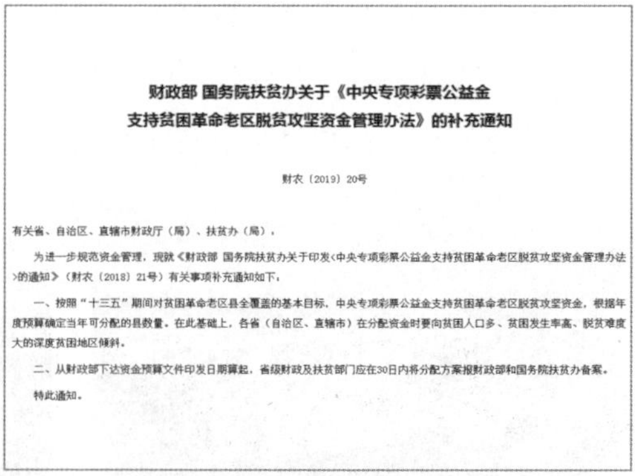

财政部 国务院扶贫办关于《中央专项彩票公益金支持贫困革命老区脱贫攻坚资金管理办法》的补充通知

财农〔2019〕20号

有关省、自治区、直辖市财政厅（局）、扶贫办（局）：

为进一步规范资金管理，现就《财政部 国务院扶贫办关于印发〈中央专项彩票公益金支持贫困革命老区脱贫攻坚资金管理办法〉的通知》（财农〔2018〕21号）有关事项补充通知如下：

一、按照“十三五”期间对贫困革命老区县全覆盖的基本目标，中央专项彩票公益金支持贫困革命老区脱贫攻坚资金，根据年度预算确定当年可分配的县数量。在此基础上，各省（自治区、直辖市）在分配资金时要向贫困人口多、贫困发生率高、脱贫难度大的深度贫困地区倾斜。

二、从财政部下达资金预算文件印发日期算起，省级财政及扶贫部门应在30日内将分配方案报财政部和国务院扶贫办备案。

特此通知。

图 46　中央有关部门资金管理办法补充通知

（五）集中连片实施项目，不撒"胡椒面"

项目县聚焦县域内绝对贫困区、深度贫困区，做到连片实施彩票公益金扶贫项目。河北省阳原县在一个乡镇5个贫困村集中实施联合饮水项目；山东省费县和莒县各聚焦一个乡镇的大石头山区，统筹规划生产路网；四川省马尔康市集中在一条山沟实施通村路项目，覆盖5个贫困村。与采取撒"胡椒面"的项目实施方法相比，集中连片实施彩票公益金项目产生了更显著的项目效果，大幅度减少了项目设计、招投标、监理、审计等环节带来的工作经费。在2021年实施的中央彩票公益金支持欠发达革命老区乡村振兴示范区建设项目中，集中连片原则被继续强调。

图 47　山东省莒县彩票项目——大石头片区修建后效果

图 48　四川省马尔康镇查北村道路硬化

图 49　安徽省岳西县毛尖山乡林河村施工后

图 50　山西省平顺县太行天路建成后联通百姓村道改造工程致富路

附录1

"十三五"时期贫困革命老区县彩票公益金扶贫项目资金分配表

（资金总额100亿元，涉及570个项目县次）

序号	省区市	2016年		2017年		2018年		2019年		2020年	
		项目县	资金（万元）	项目县	资金（万元）	项目县	资金（万元）	项目县	资金（万元）	项目县	资金（万元）
1	河北 40	魏县	2000	丰宁县	2000	宣化区	2000	行唐县	2000	张北县	1000
2		平乡县	2000	阜平县	2000	赤城县	2000	巨鹿县	2000	蔚县	1000
3		赞皇县	2000	阳原县	2000	平泉县	2000	新和县	2000	怀安县	1000
4		涞源县	2000	张北县	2000	承德县	2000	广宗县	2000	涞源县	1000
5		饶阳县	2000	沽源县	2000	唐县	2000	武强县	2000	曲阳县	1000
6		滦平县	2000	临城县	2000	涞水县	2000	崇礼区	2000	望都县	1000
7		怀安县	2000	海兴县	2000	顺平县	2000	平山县	2000	南皮县	1000
8				灵寿县	2000	易县	2000	阜城县	2000	威县	1000
9				武邑县	2000	青龙县	2000	盐山县	2000	魏县	1000
10						大名县	2000	阳原县	2000	大名县	1000
11								沽源县	2000	丰宁县	1000
12								阜平县	2000		
13								赤城县	2000		
14								承德县	2000		
1	山西 36	代县	2000	中阳县	2000	和顺县	2000	天镇县	2000	天镇县	1000
2		岢岚县	2000	右玉县	2000	岚县	2000	广灵县	2000	广灵县	1000
3		平顺县	2000	娄烦县	2000	平陆县	2000	浑源县	2000	大宁县	1000
4		左权县	2000	武乡县	2000	灵丘县	2000	宁武县	2000	永和县	1000
5		吉县	2000	阳高县	2000	繁峙县	2000	静乐县	2000	岚县	1000
6		方山县	2000	隰县	2000	河曲县	2000	大宁县	2000	方山县	1000
7		石楼县	2000	偏关县	2000	保德县	2000	永和县	2000	中阳县	1000
8				五寨县	2000	云州区	2000	汾西县	2000	临县	1000
9						神池县	2000	壶关县	2000	石楼县	1000
10								五台县	2000	兴县	1000
11								兴县	2000	静乐县	1000

续表

序号	省区市	2016 年		2017 年		2018 年		2019 年		2020 年	
		项目县	资金（万元）	项目县	资金（万元）	项目县	资金（万元）	项目县	资金（万元）	项目县	资金（万元）
12	山西36							临县	2000	宁武县	1000
13										偏关县	1000
1	内蒙古9	武川县	2000	察右后旗	2000	察右前旗	2000	察右中旗	2000	卓资县	1000
2		四子王旗	2000	宁城县	2000	喀喇沁旗	2000	卓资县	2000	兴和县	1000
3								兴和县	2000	四子王旗	1000
4										察右前旗	1000
5										察右中旗	1000
6										察右后旗	1000
1	吉林5	和龙市	2000	靖宇县	2000	龙井市	2000	汪清县	2000	汪清县	1000
2								安图县	2000		
1	黑龙江11	拜泉县	2000	海伦市	2000	甘南县	2000	克东县	2000	拜泉县	1000
2		桦川县	2000	桦南县	2000	饶河县	2000	汤原县	2000	海伦市	1000
3				延寿县	2000			同江市	2000		
4								抚远县	2000		
1	安徽15	石台县	2000	岳西县	2000	金寨县	2000	砀山县	2000	太湖县	1000
2		宿松县	2000	霍邱县	2000	望江县	2000	裕安区	2000	裕安区	1000
3		寿县	2000	泗县	2000	灵璧县	2000	太湖县	2000	岳西县	1000
4						萧县	2000	潜山市	2000	寿县	1000
5								舒城县	2000	霍邱县	1000
6										金寨县	1000
7										萧县	1000
8										石台县	1000
9										宿松县	1000
10										望江县	1000
11										舒城县	1000

续表

序号	省区市	2016年 项目县	2016年 资金（万元）	2017年 项目县	2017年 资金（万元）	2018年 项目县	2018年 资金（万元）	2019年 项目县	2019年 资金（万元）	2020年 项目县	2020年 资金（万元）
1	福建 16	政和县	2000	武平县	2000	平和县	2000	长汀县	2000		
2		长汀县	2000	浦城县	2000	泰宁县	2000	政和县	2000		
3		明溪县	2000	建宁县	2000	连城县	2000	宁化县	2000		
4				云霄县	2000	松溪县	2000	顺昌县	2000		
5								连城县	2000		
1	江西 24	井冈山市	2000	瑞金市	2000	遂川县	2000	安远县	2000	兴国县	1000
2		吉安县	2000	横峰县	2000	会昌县	2000	上犹县	2000	宁都县	1000
3		上饶县	2000	万安县	2000	乐安县	2000	南康区	2000	于都县	1000
4		广昌县	2000	永新县	2000	莲花县	2000	兴国县	2000	鄱阳县	1000
5				石城县	2000	余干县	2000	宁都县	2000	修水县	1000
6				修水县	2000	寻乌县	2000	鄱阳县	2000		
7								赣县区	2000		
8								于都县	2000		
1	山东 15	费县	2000	临朐县	2000	临沭县	2000	莒县	2000		
2		沂南县	2000	泗水县	2000	沂水县	2000	莒南县	2000		
3		莒县	2000	新泰市	2000	郯城县	2000	兰陵县	2000		
4				蒙阴县	2000	五莲县	2000	平邑县	2000		
1	河南 28	民权县	2000	封丘县	2000	嵩县	2000	汝阳县	2000	洛宁县	1000
2		上蔡县	2000	范县	2000	台前县	2000	嵩县	2000	光山县	1000
3		太康县	2000	睢县	2000	卢氏县	2000	鲁山县	2000	新县	1000
4		桐柏县	2000	宁陵县	2000	光山县	2000	台前县	2000	商城县	1000
5		卢氏县	2000	潢川县	2000	确山县	2000	卢氏县	2000	潢川县	1000
6				郸城县	2000	固始县	2000	南召县	2000	固始县	1000
7						栾川县	2000	兰考县	2000	桐柏县	1000
8								滑县	2000	淮阳县	1000
9								宜阳县	2000	上蔡县	1000
10								商水县	2000	确山县	1000
1	湖北 28	保康县	2000	房县	2000	巴东县	2000	恩施市	2000	郧阳区	1000
2		孝昌县	2000	丹江口市	2000	郧西县	2000	建始县	2000	郧西县	1000

续表

序号	省区市	2016年		2017年		2018年		2019年		2020年	
		项目县	资金（万元）	项目县	资金（万元）	项目县	资金（万元）	项目县	资金（万元）	项目县	资金（万元）
3	湖北 28	鹤峰县	2000	竹溪县	2000	竹山县	2000	长阳县	2000	竹溪县	1000
4		利川市	2000	英山县	2000	五峰县	2000	秭归县	2000	竹山县	1000
5		麻城市	2000	宣恩县	2000	郧阳区	2000	红安县	2000	房县	1000
6				大悟县	2000	咸丰县	2000	神农架林区	2000	五峰县	1000
7						罗田县	2000	阳新县	2000	孝昌县	1000
8								来凤县	2000	大悟县	1000
9								团风县	2000	麻城县	1000
10								蕲春县	2000	蕲春县	1000
11										恩施县	1000
12										利川县	1000
13										建始县	1000
14										咸丰县	1000
15										巴东县	1000
16										保康县	1000
17										丹江口市	1000
18										英山县	1000
19										长阳县	1000
20										秭归县	1000
21										宣恩县	1000
1	湖南 19	茶陵县	1800	桂东县	2000	安化县	2000	平江县	2000	桑植县	1000
2		炎陵县	1800	邵阳县	2000	慈利县	2000	汝城县	2000	龙山县	1000
3		龙山县	2200	保靖县	2000	安仁县	2000	宜章县	2000	新化县	1000
4		石门县	2200	新化县	2000	武冈市	2000	溆浦县	2000	邵阳县	1000
5						桑植县	2000	涟源市	2000	安化县	1000
6								永顺县	2000	保靖县	1000
7										炎陵县	1000
8										石门县	1000
9										桂东县	1000

续表

序号	省区市	2016 年		2017 年		2018 年		2019 年		2020 年	
		项目县	资金（万元）	项目县	资金（万元）	项目县	资金（万元）	项目县	资金（万元）	项目县	资金（万元）
10	湖南 19									慈利县	1000
11										安仁县	1000
1	广东 8	大埔县	2000	龙川县	2000	饶平县	2000	南雄市	2000		
2		南雄市	2000	五华县	2000	丰顺县	2000	大埔县	2000		
1	广西 32	西林县	1950	西林县	2275	都安县	2104	靖西市	2000	那坡县	2000
2		田阳县	2050	田阳县	2392	三江县	2017	马山县	2000	隆林县	2000
3		融安县	2050	融安县	2392	乐业县	1899	德保县	2000	都安县	2000
4		龙州县	2050	龙州县	2392	大化县	2005	忻城县	2000	大化县	2000
5		资源县	1900	资源县	2216	那坡县	1927	昭平县	2000	融水县	2000
6		龙胜县	2000	龙胜县	2333	融水县	2054	东兰县	2000	三江县	2000
7						隆林县	1994	巴马县	2000	乐业县	2000
8						大新县	2000	天等县	2000	罗城县	2000
9								隆安县	2000	凤山县	1000
10								田林县	2000	上林县	1000
11								凌云县	2000	田东县	1000
12										富川县	1000
13										金秀县	1000
14										宁明县	1000
15										马山县	1000
16										德保县	1000
17										靖西市	1000
18										凌云县	1000
19										田林县	1000
20										昭平县	1000
21										东兰县	1000
22										巴马县	1000
23										忻城县	1000
24										天等县	1000
1	海南 5	保亭县	2000	白沙县	2000	临高县	2000	五指山市	2000	白沙县	1000
2								琼中县	2000		

续表

序号	省区市	2016 年		2017 年		2018 年		2019 年		2020 年	
		项目县	资金（万元）	项目县	资金（万元）	项目县	资金（万元）	项目县	资金（万元）	项目县	资金（万元）
1	重庆 6	石柱县	2000	彭水县	2000	石柱县	2000	城口县	2000	城口县	1000
2								酉阳县	2000	彭水县	1000
3								彭水县	2000	酉阳县	1000
1	四川 35	古蔺县	2000	巴州区	2000	昭化区	2000	叙永县	2000	小金县	2000
2		北川县	2000	理县	2000	阆中市	2000	旺苍县	2000	壤塘县	2000
3		剑阁县	2000	茂县	2000	康定市	2000	苍溪县	2000	黑水县	2000
4		青川县	2000	泸定县	2000	丹巴县	2000	通江县	2000	金川县	2000
5		南部县	2000	甘孜县	2000	金川县	2000	平昌县	2000	茂县	2000
6		仪陇县	2000	新龙县	2000	小金县	2000	汶川县	2000	松潘县	2000
7		南江县	2000	万源市	2000	壤塘县	2000	黑水县	2000	理县	2000
8				宣汉县	2000	平武县	2000	道孚县	2000	汶川县	2000
9						炉霍县	2000	马尔康市	2000	马尔康市	2000
10						松潘县	2000	朝天区	2000	平昌县	1000
11										通江县	1000
12										南江县	1000
13										巴州区	1000
14										宣汉县	1000
15										甘孜县	2000
16										道孚县	2000
17										新龙县	2000
18										康定县	2000
19										泸定县	2000
20										炉霍县	2000
21										丹巴县	2000
22										古蔺县	1000
1	贵州 15	松桃县	2000	沿河县	2000	凤冈县	2000	大方县	2000	威宁县	2000
2		赫章县	2000	印江县	2000	黔西县	2000	纳雍县	2000	纳雍县	2000
3		桐梓县	2000	桐梓县	2000	七星关区	2000	沿河县	2000	赫章县	2000

续表

序号	省区市	2016 年		2017 年		2018 年		2019 年		2020 年	
		项目县	资金（万元）	项目县	资金（万元）	项目县	资金（万元）	项目县	资金（万元）	项目县	资金（万元）
4	贵州 15			赫章县	2000	赤水市	2000	松桃县	2000	大方县	1000
5										七星关区	1000
6										黔西县	1000
7										沿河县	2000
8										松桃县	1000
9										德江县	1000
10										习水县	1000
1	云南 5	威信县	2000	富宁县	2000	镇雄县	2000	彝良县	2000	镇雄县	2000
2						广南县	2000			广南县	2000
3										彝良县	1000
4										富宁县	1000
1	陕西 32	富平县	2200	耀州区	2000	淳化县	2000	旬邑县	1800	耀州区	1000
2		宜川县	1800	延长县	1800	延川县	1800	米脂县	1800	旬邑县	1000
3		定边县	1800	横山区	1800	绥德县	2200	吴堡县	1800	富平县	1000
4		勉县	2200	镇巴县	2200	清涧县	2000	子洲县	2000	延川县	1000
5		宁陕县	1800	旬阳县	2000	西乡县	1800	洛南县	2200	横山区	1000
6		镇安县	2200	柞水县	2000	商州区	2200	丹凤县	2200	清涧县	1000
7				山阳县	2200	商南县	2000	宁强县	2200	镇巴县	1000
8						宜君县	2000	佳县	2000	洋县	1000
9								洋县	2000	旬阳县	1000
10								城固县	2000	商南县	1000
11								南郑区	2000	商州区	1000
1	甘肃 7	环县	2000	环县	2000	环县	2000	环县	2000	环县	2000
2				镇原县	2000	镇原县	2000	镇原县	2000	镇原县	2000
3										庆城县	1000
1	宁夏 6	盐池县	2000	彭阳县	2000	原州区	2000	同心县	2000	西吉县	2000
2								西吉县	2000	盐池县	1000
3								海原县	2000	原州区	1000
4										彭阳县	1000
合计		75 个	150000	90 个	180000	100 个	200000	132 个	264000	173 个	206000

四、发展故事

小故事 1 彩票公益金铺筑脱贫致富路

2019 年，山东省平邑县通过实施彩票公益金项目，硬化生产路、新建桥涵，打通县内外道路交通，基本解决了各贫困村出行难的问题，促进了各贫困村农业生产发展和旅游开发。

"村内道路像欧洲，田间道路像非洲"。尽管平邑县大部分村庄村内主干道早已硬化，但每天"日出而作，日落而息"的田间生产路却延续了"晴天一身土，雨天一身泥"的泥土路，农业机械进不去出不来，陷车翻车事故频发，严重制约了群众的农业生产。2019 年，平邑县利用中央专项彩票公益金 2000 万元，整合资金 400 万元，在隶属武台镇、宝太镇的 20 个省定贫困村硬化了 35 千米生产路，新建桥涵 73 座，极大地完善了各村骨干田间路网，部分道路实现了与村道、县道、省道的有效衔接，为贫困村农业生产发展和旅游开发奠定了基础。

图 51　平邑县武台镇孙家楼村生产路　　图 52　平邑县武台镇孙家楼村生产路
　　　　　实施前　　　　　　　　　　　　　　　实施后

大埠槐村的福彩路，解决了农业生产运输问题，便是平邑县中央专项彩票公益金项目的一个缩影。大埠槐村进山的水泥路修通后，该村的优质山楂的运输和销售便不再是问题。每当山楂收获季节到来，路上的三轮车、拖拉机等农用运输车辆往来如织，不到 20 分钟，一车车新鲜山楂就能运到村委收购点，这要是放在以前，人背肩抬往往需要一天工夫。

彩票公益金项目也使平邑县的农家乐等旅游业得到了发展。羊城村北靠蒙山，南依大夫宁水库，植被茂盛，环境优美。彩票公益金项目实施后，该村依托独特的地理优势和秀美风景，吸引了众多的自驾游和自行车骑行爱好者前来观光垂钓和登山休闲，带动了当地农家乐的发展。

卧龙村、云台山农场山清水秀，环境优美，但苦于没有像样的道路，对外交通极为不便，严重制约了当地乡村旅游、农家乐、田园采摘等脱贫攻坚项目的实施。中央彩票公益金支持卧龙村修建了长5.5千米、宽5米的水泥环山路后，村里已发展农家乐2家，农场2处，采摘园3处，每逢周末，村里外来旅游观光的车辆络绎不绝，群众的钱袋子慢慢地鼓了起来。

小故事2   田间路从"拦路虎"变成"致富路"

2016年中央专项彩票公益金项目在山西省大同县为七个村修建生产路和联户路，推动当地黄花产业蒸蒸日上的发展。

此次中央专项彩票公益金项目涉及大同县吉家庄乡的7个村庄，分别是吉家庄村、古定桥村、小桥村、瓮城口村、南息村、南米窑村、东安家堡村，项目主要内容是修建这七个村的生产路和联户路，共计22.516千米，在吉家庄乡形成了一个南北纵深的道路网络。道路的修建，使得黄花从田间地头可以快速到达加工车间，极大地增强了村民种植黄花的积极性。

得益于中央专项彩票公益金项目，吉家庄村黄花产业发展迅速。在得知确切消息后，吉家庄村建立了微信群，成员达309人，在群里大力宣传中央专项彩票公益金项目和黄花种植相关信息，并成立了黄花种植合作社。吉家庄村开始大力调整农业种植产业结构，发展黄花特色产业，规划建设3000亩黄花产业园区。经过刘猛刘书记带领两委班子的不懈努力和多方走访，在让利于民、共同富裕思想的主导下，最终吉家庄村于2016年春季以每亩流转费最高800元、均价约600元的价格流转土地1500亩，让农民收获达到近几年种植玉米的平均收益，让群众获得了稳定增长的收入。黄花种植产业的发展也吸引在外流动党员和能人大户回村创业，其中以陈少龙为代表的 5 名流动党员共流转土地 1500 亩，种植黄花 1500 亩。同时 2016 年秋季又成功流转了 850 亩土地用于种植黄花，目前黄花产业园区所需土地已全部流转。2017 年春，吉家庄村已经确定种植黄花 387 亩，政府和大同市经建投资公司共同出资成立了宜民产业发展公司，建立扶贫带动利益共享机制，流转土地 800 亩种植黄花。

山西省大同县吉家庄乡位于同浑公路中段，距大同市 30 千米，处于大同县、浑源县、怀仁市的交界处，地理位置优越，然而由于长期种植传统农作物，经济落后，人民生活困难。在新的领导班子上台后，在县委、县政府正确指导下，根据吉家庄乡实际情况，确立了"321"的发展路线，全面推进脱贫攻坚。其中起主导作用的就是黄花产业。然而在发展黄花产业过程中却遇到了不小的困难。由于黄花这种作物的主要价值就在黄花采摘上，而采摘有着严格的时间限制，能否及时采摘并进行加工就显得尤为重要，因而田间路就成了群众致富前面的一个拦路虎。

而这次中央专项彩票公益金项目在吉家庄乡的实施无异于雪中送炭，解决了人民群众反映最强烈的问题，想民所想，解民所忧，为吉家庄乡黄花产业的发展注入了强劲动力。在这之前，虽然黄花产业在吉家庄乡初步发展起来，但是由于产业调整的过程需要时间，人民思想的转换更是需要成熟条件的推动，道路问题成为影响群众种植黄花的关键因素，然而由于乡政府财力有限，外援显得格外重要。在全国上下全面打响脱贫攻坚战的时期，机遇转瞬即逝，必须争分夺秒，抢抓机遇。乡领导带领全乡干部四处奔走，寻求资金支持。在这种特殊时期，在这样重要的时刻，中央专项彩票公益金项目的实施，全面推动了吉家庄乡产业的发展，用道路联通了吉家庄乡黄花产业发展壮大之路。

在中央专项彩票公益金项目的推动下，吉家庄乡黄花产业进展得如火如荼，一片欣欣向荣，吉家庄乡脱贫致富指日可待！

小故事 3　泥路变成水泥路，长荣村踏上致富路

2014 年，在黑龙江省扶贫办等政府部门的帮助下，中央彩票公益金项目落户到长荣村，并为其带来百万资金和 11 千米水泥路，同时改造长荣村人居环境，为全村脱贫增收作出巨大贡献。

2014 年，在黑龙江省扶贫办、海伦市委市政府、海伦市扶贫办、财政局和东林乡党委政府的关怀和帮助下，中央彩票公益金项目落户到长荣村。2014 年 8 月在海伦市扶贫办工作人员和乡包村工作组的指导下，召开村"两委"班子会和村民代表大会，传达中央彩票公益金项目的文件和有关精神，民主选举中央彩票公益金项目实施小组和监督小组。根据群众意愿，把修路作为全村最迫切的愿望。2015 年，中央彩票公益金项目投入长荣村 159.1 万元，近两年来整合交通、扶贫等部门资金 236.3 万元，乡村自筹资金 29.4 万元，建设村屯、通农田水泥路 11 千米。在此基础上，同时又整合卫生、住建、水务、扶贫等部门资金 338.9 万元，建设桥梁 2 座、村卫生所 1 个、危房改造 100 户、安装自来水 4 个屯 378 户、村民活动室 1 个、农机服务队 1 个、养鹅等项目，放大彩票公益金项目的聚合效应。

黑龙江海伦市东林乡长荣村是全省 2014 年建档立卡贫困村之一，也是国定重点革命老区村之一。该村村道均为土路，每到雨季，泥泞不堪，出行只能用农用四轮车、牛马车，严重影响着群众的生产生活，制约着长荣村的经济发展。尽管该村靠近市区，有发展棚室蔬菜得天独厚的条件，但由于道路状况差，运输困难，设施农业难以发展，粮食需要封冻季节才能出售，每斤要少卖两三分钱。另外，校车无法进村接送，中小学生上学都得到市里或者外地寄宿，增加了农民的家庭负担。

11 千米水泥路的建设使长荣村告别零千米水泥路的历史，极大地改善了长荣村村民的生产生活条件，带动了该村经济的发展。该项目建成后，长荣村农民粮食可以及时运出，果树、蔬菜、晒烟面积将大幅度增加，商贸流通日益活跃，年可增加农民收入 50 万元以上。同时，村民产出的粮食可以

及时卖出去，2015年秋天，由于农民玉米销售得快没有受到后期价格下降的影响，仅此一项，全村就增加收入100多万元，人均增收429元。另外，由于长荣村离城较近，季节性进城从事建筑、餐饮、小商品交易的务工人员增加，年可增加收入60万元。

"要致富，先修路"，中央专项彩票公益金项目为黑龙江长荣村带来了致富路，这11千米说长不长说短不短的水泥路，凝结了中央和地方各政府部门的扶贫努力，凝结了当地人民积极致富响应政策号召的决心，11千米的水泥路是致富路，是通往共同富裕光明未来的大路！

小故事4　修路治水　改善民生

河南、吉林、河北三省2013年度彩票公益金整村推进项目实施取得丰硕成果。

图53　埠江镇林岗村道路建设项目改造前　图54　埠江镇林岗村道路建设项目改造后

图55　新集乡杨湾村道路建设项目改造前　图56　新集乡杨湾村道路建设项目验收

  河南省桐柏县 2013 年度彩票公益金整村推进项目共新建村道、村组路、联户路 54 千米，新建便民桥 1 座、人工井 2 口、供水管道 2 千米，整治山坪塘 27 口、灌溉渠道 4 千米，极大地改善了项目村的生产生活条件。

  吉林省安图县松江镇政通村利用彩票公益金 108 万元建设了 480 米排水工程和 6 处谷坊，彻底解决了雨季洪水冲击街道和农民储粮设施不足的问题。吉林省安图县是国家级贫困县，下辖 7 镇 2 乡 180 个行政村，2019 年脱贫摘帽，80 个贫困村全部脱贫。安图县为"老少边穷"县，自脱贫攻坚以来，借助中央彩票公益金实施了道路、边沟等项目，取得了显著效果。"十三五"期间，安图县共投入中央专项彩票公益金 2000 万元用于硬化通村道路项目，建成后，直接为 3 个乡镇 9 个村的村民解决了出行难问题，彻底改善了"晴天一身土，雨后一身泥"的落后面貌，加快了脱贫攻坚步伐，

图 57　永庆乡朝阳村道路、边沟工程施工前

图 58　永庆乡朝阳村道路、边沟工程完工后

图 59　受益群众参与永庆乡朝阳村道路、边沟工程

图 60　县级领导现场指导永庆乡朝阳村道路边沟工程

进一步提升了农村基础设施水平。

河北省南皮县代九拨村完成联户路 4200 平方米、街道美化 7700 平方米、排水沟 311 米、水泥路 5600.5 平方米、垃圾池 10 个；陈官屯村完成沥青路 5030 平方米、砖路 4950 平方米、街道美化 7600 平方米、垃圾池 10 个，改变了村容村貌"脏、乱、差"的状况。南皮县位于河北省东南部，是国家级扶贫开发重点县和革命老区县。全县 84 个建档立卡贫困村，2014 年建档立卡贫困户 19941 户 61133 人，贫困发生率 23.9%。"十三五"期间，南皮县借助中央专项彩票公益金 1000 万元为 41 个贫困村建设村内水泥路 81957.5 平方米，受益贫困户 383 户，受益贫困人口 908 人，受益总人口 10668 户 40342 人。修路治水后，老百姓的生产生活质量也随之提高，南皮县继续进行整村推进项目，建设猪棚 26 个，年出栏生猪 15600 头，年纯收入 296.4 万元；发展食用菌大棚 38 个，投放菌棒 26.6 万棒，年盈利 104 万元；建设蔬菜大棚 28 个，年盈利 42 万元；建设牛棚 1 个，养牛 60 头，年盈利 30 万元；建设羊舍 28 个，养羊 2680 只，年盈利 80 万元。带动 530 户贫困户脱贫致富。南皮县大力发展养殖产业，在 2016 年脱贫摘帽，成为全国首批 26 个摘帽县之一。至 2020 年 6 月底，全县全部脱贫，老区群众从心底感激党的好政策。

图 61　杨庄子村路改造前　　　　图 62　杨庄子村路改造后

　　以上三个省市县，先将项目资金用于基础设施建设，尤其是道路交通、基础灌溉、民居民生等方面，为经济发展脱贫致富打下了坚实的物质基础。

　　小故事 5　彩票公益金助力整村推进

　　2012 年至 2014 年底，中彩项目在宁夏回族自治区西吉县的整村推进项目，在基础设施建设和农民增收脱贫方面取得巨大成果。

图 63　偏城乡涵江村道路改造前　　　　图 64　偏城乡花儿岔村道路改造前

图 65　偏城乡偏城村道路硬化改造后　　　图 66　受益群众参与道路硬化

　　宁夏回族自治区西吉县获得了 2012 年中央专项彩票公益金支持贫困革命老区整村推进项目，到 2014 年底，彩票公益金投入 1475.93 万元，地方配套 19.8 万元，农户自筹资金 1084.10 万元，修建村组生产路 28.1 千米，扬水灌溉工程 1 处，完成土泉改造工程 1 处；发展水浇地 347.5 亩，修建旱作农田 1418.8 亩（以种植马铃薯计算，每亩可增产 750 公斤，净增收 300

万元）；完成村组道路绿化 506 亩，村庄道路美化工程 13.1 千米，完成节柴灶 577 台，改厕 208 座，安装垃圾箱 215 个，发放互助资金 135 万元，完成圈舍改造 759 座，建成青贮池 12 座，采购基础母牛 1545 头（可新增牛犊 1468 头，六月龄出栏增收 393.1 万元），基础母羊 3225 只（按年产 2 胎 4 只计算，可新增 12255 只羔羊，三月龄出栏，除饲料成本外净增收 612.75 万元），种公羊 200 只，完成养殖贷款贴息 40 万元，完成西芹种植 1000 亩。彩票公益金大大提高了西吉县的基础设施建设质量和农民增收脱贫能力，全县脱贫指日可待。

小故事 6 水甜了，牙白了，姑娘小伙都敢笑了

2017 年，河北省阳原县东井集镇获得中央专项彩票公益金，县委、县政府通过彩票公益金项目实施建设供水工程，解决了阳原县高氟水等饮水安全问题。

东井集镇位于阳原县西部，镇域面积 128 平方千米，辖 26 个行政村，农业人口 12009 户 31430 人，是全县扶贫开发重点乡镇。这里的地下水不仅匮乏，而且含氟量严重超出国家标准〔限值 1.2mg/L〕，其中嘴儿图村高达 5.2mg/L，氟含量最低的咸水皂村也达到了 1.8mg/L。关键是这里方圆百里找不到合格的安全水源，当地的老百姓长年只能饮用高氟水，对身体健康造成了严重伤害，年轻时大都长了一嘴氟斑牙，丑陋至极，难以启齿；到了 30—40 岁时，逐渐患上氟骨症，导致骨变形，严重时身体部分瘫痪，直至成为弱劳力或完全丧失劳动能力。因水致贫成了最大的原因，改善水质，喝上放心水，成为千百年来群众的热切期盼和美好向往，成为全镇脱贫攻坚工作的重中之重。

大家盼星星盼月亮，终于在全国脱贫攻坚进入攻营拔寨关键的 2017 年，中央下达了专项彩票公益金到阳原县。县委、县政府首先想到东井集镇的吃水问题，于是在认真规划和调研的基础上，拿出了 1220 万元的彩票公益金着手解决这个镇的高氟水的问题。工程于 2018 年 7 月 1 日开工建设，主要建设蓄水池 6 座，铺设管道 34156 米，新打机井 2 眼。经过日夜兼程、奋力攻坚，工程于当年 10 月下旬完工。

　　为保障供水工程顺利实施，东井集镇高标准、严要求做好相关工作。一是因地制宜、对症施策。项目以达标水源地邻近的要家庄乡为起点，向东井集镇西南方向延伸，实现 5 村（拣花堡、咸水皂、嘴儿图、大石庄、北梁）联合供水。为了让老百姓取水方便，统筹考虑村庄规模和取水方便程度因素，配套建设了健康水站，结余资金用于购买电动三轮车和纯净水桶，通过公益岗为行动不便的贫困户送水上门。二是群众参与、规范运行。认真做好组织动员干部群众，在每个项目村成立了项目实施小组和监督小组，对项目实施全过程进行跟踪监督，并做好相关服务工作，从项目开工到完工，共开展监督 16 次。三是公开民主、营造氛围。多次召开村民大会，向群众宣传公布项目建设内容、资金来源和使用情况，以及达到的效果等重要信息，不仅让群众明白联村饮水是一项重大惠民工程，还积极动员群众参与其中，达到"民生工程人民建，建好工程为人民"的效果，让群众真正明白惠从何来，惠在何处。

图 67　阳原县生猪育肥猪舍项目　　　　图 68　水峪口村蓄水池

　　项目的实施完成，解决了 4698 人、5850 头大牲畜、1458 头猪、3064 只羊的饮水安全问题，群众生产生活用水得到有效保障，身体状况得到改善，幸福指数不断提升，由此产生了三大效应。

1. 政治效应。党的惠民工程造福于民，密切了党群干群关系，每当人们喝起甘甜的放心水，端起香喷喷的饭碗时，感恩之情油然而生，使人民群众更加感恩党、拥护党、坚定信心跟党走。

2. 经济效应。进一步夯实了"两不愁三保障"脱贫基础，为顺利脱贫出列创造了条件。特别是水利化程度的提高，促进了养殖业发展，为农业多元化经营发展奠定了基础，有力促进了群众增收致富。

3. 社会效应。爱美之心人皆有之，牙齿美决定了美的高度。以前，这里的姑娘和孩子捂着嘴不敢笑，又害羞又怕露丑；现在伶牙俐齿、敞开心扉、笑对生活。老人们纷纷感叹：终于盼到了"水甜了，牙白了，大姑娘小伙子敢笑了"的好时代到来，子孙后代有福了。

小故事7　打通牛角路，富了沿线户

2015年，山东省费县马庄镇得到中央彩票公益金项目扶持，对沟、渠、路进行配套完善建设，有力带动了当地农业、旅游业发展，助力多产业并行脱贫致富。

放眼蜿蜒于费县马庄镇群山中的生产路，村民郭守信正开着他的时风三轮车上山。停下车，他拿着铁锨走到坡上的田地里，就开始给花椒树铲土。"这个是'培根'，天气转凉以后快点培，来年花椒的长势就好。"郭守信是大寨村的村民，今年64岁，和老伴共同生活，他现在总共种了6亩田地，其中有4亩田地种植了花椒。"一年下来能打800斤花椒，这就是多收入两万多块钱哪，没修路之前想都不敢想！"他家中还养了3头老母猪，去年下了30多个猪仔，又增添了三万多元的养殖收入。

马庄镇位于费县县城东南20千米处，属纯青石山区，山峦棋布，人多地少，山多水缺，裸岩占总面积的60%以上。"远看青山羊，近看是石廊，细看石夹缝里还有点地瓜秧"，曾是这里地形地貌的真实写照。这里山高坡陡，上山的羊肠小道"一个轮的靠抬着，两个轮的靠扛着"，交通极其不

便。老百姓日常所需的产品运不进来，生产的农产品也运不出去，片区内经济发展十分缓慢，贫困人口的比重高达 50% 以上。

"要想富先修路"已成为这里百姓的最大梦想，为改善当地群众的生产生活条件，助力革命老区人民脱贫致富，2015 年，中央确定在沂蒙革命老区实施彩票公益金项目后，马庄镇被列入项目扶持范围。他们首选了修路，同年 3 月，项目开工，7 月完成建设任务。该项目总投资 1178.77 万元，新建生产路 42.3 千米，起于马庄镇牛角峪村，在群山与丘陵之间自西向东蜿蜒至长丰庄村，共涉及 14 个行政村，覆盖重点贫困村 10 个，近 2 万人受益，其中贫困人口 6879 人。

"以前要是想上山种地，那只能是人挑肩扛。种出来的东西还运不出去，没人愿意种地。我的 6 亩地在修路之前都荒着。"郭守信说，自打修了生产路，日子一天比一天好。"通路以后我就买了两辆三轮车，现在开着车随时能到山上来，家里妇女都能上山干活，咱山上是再也没有荒地了。"

彩票公益金项目建成后，沟、渠、路进一步配套完善，土、肥、水条件得到有效协调，山区农业机械化程度大幅提高。"受地形限制，我们这边的田地多种植核桃、花椒等农作物，但之前受道路限制，一是农作物种植规模小，二是农作物产量低。自打通了路，县里的农业专家经常性到田间地头讲解先进的种植技术，农作物产量大大提高。"大寨村支部书记郭士堂介绍，目前，项目区核桃亩均增产 30 公斤，每亩增加收益近千元。"2015 年之前土地流转价格在 200 ～ 300 元 / 亩 / 年，但因道路等基础设施薄弱，种植成本极高，甚至还有违约放弃土地的情况。现在这种情况再也不存在了，土地流转的价格抬高到 600 ～ 800 元 / 亩 / 年，还抢不到哩！"

马庄镇人民群众积极参与到路基建设的过程中，无私奉献，镇党委政府也充分尊重群众的意见。在建设过程中，路基建设共占地 380 余亩，折价 38 万余元；青苗 100 亩，补偿折价 5 万余元；果树 5260 棵，补偿折价 100 万余元。沿途涉及的群众都毫无怨言，不要赔偿，并积极协助施工。郭守信说："这真是天大的好事，只要政府给我们修上了路，别说是占我们的地，即使让我们集资出力我们也愿意，我们真是受够了出门干活都是靠走、靠肩挑的苦日子了。"在项目实施过程中，群众也积极参与质量监督。项目村老党员、村民代表每天都是早到晚走，把修路当成自己家的事情，认真查看石子、沙、水泥是否合格，配料比是否合适，搅拌是否均匀，模板是否规则、牢固，摊铺厚度是否达到，振动是否到位、振实，磨面遍数是否达到，切缝时间、深度是否合适，养护是否到位等。发现问题及时提出纠正，多次将施工单位不改正的情况及时上报上一级监督部门。在验收阶段群众代表全程参与，协助测量厚度、宽度、长度，并在验收表上签字认可。费县群众的积极参与，保证了项目高质量地顺利完成。

图 69　费县梁邱镇天景湖片区生产路　　图 70　费县梁邱镇天景湖片区生产路
　　　　建设前　　　　　　　　　　　　　　　　建设后

彩票公益金项目的实施，将马庄镇 11 万亩的核桃园面积连成一片，有力地促进了当地农业产业结构调整，加快了现代农业步伐。依托彩票公益金路的建设，该镇鼓励群众发展核桃生态示范园、农业合作社和家庭农场。目前，全镇累计培育核桃林果种植专业合作社 30 家、核桃联合社 1 家、家庭农场 26 家、现代农业发展公司 6 家、核桃种植专业大户 106 家。围绕彩票公益金路沿线，还开发了千年流苏、传统村落、精品山村、核桃小镇等旅游景点，每年接待游客 10 万人次，不仅拓展了万亩核桃园的知名度，群众通过开办农家乐、售卖农产品等方式也增加了旅游收入。

"道路带动产业，更让老百姓的日子蒸蒸日上。"已担任了 28 年党支部书记的郭士堂谈到前后变化时说，2003 年，大寨村里的光棍数量一度达到 71 人，被戏称为"光棍村"。彩票公益金路的修建一举改变了这种现状。一通百通，村民们的腰包鼓起来了；另外，交通方便后，外村的姑娘也愿意嫁过来了。目前，该村单身汉的数量已从 71 人减少到 7 人，其中 2015 年后就减少了 16 人。赵峰曾是大寨村 39 岁的"光棍"，因贫困一直未能娶到媳妇。2015 年，彩票公益金路修到了大寨村，外来收购核桃、花椒等农产品的商贩多了起来，价格也高了起来，赵峰索性承包了 6 亩核桃、花椒地，通过精心种植管理，现每年能增收两万多元。农闲时，其通过在周边打工每年又能收入四五万元。口袋鼓起来后，赵峰在 2017 年盖了三间大平房娶上了媳妇。"前年，媳妇生了个大胖小子，生活更有盼头了。"说到这儿，赵峰难掩脸上的喜悦之情。"出行条件改善，外出看病、上学和就业也更加方便，现在村里的年轻人都更愿意回来，村里的整体风貌越来越好。"郭士堂说。

马庄镇彩票公益金道路是扶贫路、致富路、旅游路，更是通往老百姓心坎的民心路。该项目在省、市验收中均获得第一名，2016 年更是代表山东省接受国务院扶贫办绩效考评，获得全国第一名。之后，国家、省、市各级多次到马庄镇调研扶贫开发工作。为确保项目长期发挥效益，马庄镇分管领导带领相关职能部门定期巡查，确定村级负责人为第一负责人。并且成立了 20 人的公益金道路管护队，实行分段管护、责任到人。镇财政拿出 20 万元专款用于道路维修资金和管护人员工资，确保彩票公益金道路整洁、安全、畅通。

一路畅通，万事兴，老区不忘党恩情，秃岭变成花果山，山清水秀胜仙境。

小故事 8　彩票公益金助推建蚕房　龙化村贫困户家家变小康

2019 年，广西壮族自治区凌云县沙里瑶族乡龙化村得到中央彩票公益金 78 万元的支持，通过实施彩票公益金项目，为贫困户建设集中养殖大蚕房，助推整村脱贫摘帽，为进一步发展致富提供了坚实保障。

龙化村是广西凌云县沙里瑶族乡的一个行政村，全村 13 个自然屯 17 个村民小组，有壮、汉、瑶三个民族，共 342 户 1452 人，龙化村是地处丘陵土山区，自然资源条件匮乏，截止到 2018 年全村还有建档立卡贫困户 77 户 331 人。这个村距离乡政府所在地 15 千米，距县城 78 千米，是个偏僻的小山村。但这个村早在 20 世纪 20 年代中期，就有村民参加了农民革命运动，是邓小平、张云逸等共产党人领导和发动百色起义的主战场之一，是为革命作出过巨大贡献的老区片区。解放后，这个村的老百姓生产生活条件得到了极大的改善，但由于山高路险，交通不便，经济发展十分缓慢。

龙化村以传统的水稻种植为生，人均年收入很低，除了年轻人外出打工，基本上没有来钱的渠道。2014 年开始，龙化村的自然屯、板里屯和弄怀屯有个别村民开始种桑养蚕，村民在自家房屋或房屋旁搭建简易蚕棚，尽管不规范，产量和质量差一些，但总体上收益还不错，村"两委"发现是个脱贫致富的好产业，于是就因地施策，因地制宜成立了村民合作社，号召全村大力种植桑园，发展养蚕产业。

2019 年及时得到中央彩票公益金 78 万元的支持，为板里屯贫困户建设了一座 12 间 720 平方米标准的集中养殖大蚕房，为弄怀屯贫困户建设了一座 6 间 360 平方米的集中养殖大蚕房，一举解决了 18 户贫困户养蚕用房问题，当年每户收入超过 3 万元，板里屯的贫困户黄献德、黄献很、梁福阳，以及弄怀屯的贫困户李栋传、梁玉林、李栋果等蚕农通过集中标准化大蚕房养蚕带来了可观收入。他们个个高兴自豪地说："彩票公益金助推我们种桑养蚕，使我们在家门口就能挣到了大钱，自家土地也用上了排场，真是一举多得，还能照顾老人关爱孩子，家庭幸福美满，稳定致富有了保障。一句话，党的政策好，共产党好，习总书记好。"

图 71　加尤镇陇槐村陇江屯蚕房建设前　图 72　加尤镇陇槐村陇江屯蚕房建设后

　　目前，龙化村已种植桑园 2534 亩，桑蚕产业覆盖和受益到 17 个村民小组共 86 户农民，其中贫困户 75 户，覆盖贫困户 97.4%。2019 年底，全村养蚕 2950 张，鲜蚕产量 132750 公斤，产值达 398.25 万元，户均增收 4.6 万元，同时通过蚕房租赁形式实现村集体经济收入 0.8 万元，村集体收入实现了零的突破，全村当年实现了整村脱贫摘帽。

　　龙化村在"十三五"期间，初步尝到了种桑养蚕的甜头，但由于村内自然屯多，屯内道路没有硬化，产业道路狭窄，会车困难，标准化集中养殖蚕棚规模小，急希望中央专项彩票公益金在"十四五"期间加大支持力度。

　　小故事 9　"流苏古村"变成了远近闻名的"网红村"

　　2021 年，山东省费县核桃峪村实施彩票公益金项目，大力发展"文旅农"产业，成为远近闻名的"网红村"。

　　核桃峪村位于费县城南 13 千米处，由大湾、杏树湾、土山后 3 个原建制村于 2005 年合并而成，有 468 户 1374 人。该村种植核桃树 3000 余亩，古树资源丰富，经县政府认定挂牌的古树名木有 9 棵，栽植于 20 世纪五六十年代、直径 35 厘米以上的老楸树有 3200 余棵，尤其是村内的"千年流苏"树更是远近闻名，成为名副其实的镇村之宝。但是，由于缺乏资金和项目规划，丰富的古树资源和良好的自然环境并没有成为核桃峪村的"摇钱树"和"聚宝盆"，文旅产业发展一直不温不火。

2021年，核桃峪村利用中央专项彩票公益金支持欠发达革命老区乡村振兴示范区建设的有利时机，投入彩票公益金和涉农资金共917.9万元，以"核韵山乡、流苏古树"为主题，大力发展"文旅农"产业，探索乡村振兴齐鲁样板费县路径的"核桃峪模式"。该村坚持高起点规划、高起点建设，规划了千年流苏核心区、中部民俗文化体验区、南部楸林健身休闲区和北部梯田溪谷观光区，建成了生态停车场、流苏广场、流苏花园、山林健身步道、旅游厕所等基础设施和景观景点，充分挖掘"千年流苏"树的文化价值和市场价值，引爆土山后村旅游产业发展，实现"由花带村"的价值转化，2021年"五一"假期游客数量达到13万余人，核桃峪村因一棵"千年流苏"树成为了远近闻名的"网红村"。同时，该村党支部领办合作社利用230万元的"两山银行"流苏贷，流转土地发展精品核桃示范园，带动费县南部乡村农旅产业持续发展。

项目的实施，促进了核桃峪村农业增效、农民增收，实现了经济效益、社会效益、生态效益的全面提升。

小故事10 彩票创新试点 促进农民增收

2012年，江西省黎川县获得中央专项彩票公益金支持，实施彩票公益金革命老区创新试点项目，通过农田水利设施建设，改善灌溉条件实现增收，大力帮助了当地脱贫致富。

项目实施改善了灌溉条件，保护了水土。农田水利设施项目解决了2万余亩农田灌溉问题，提高项目村灌溉保证率达到90%以上。由于生产条件的改善，项目村增加经济作物种植面积2500余亩，提高农民生产效益，由2012年每亩2165元提高到2014年的3315元，15个项目村贫困人口由

2012 年底的 3332 人减少到目前的 2405 人，贫困发生率下降为 7.4%。由于项目实施带来的经济作物收益提高，部分项目村农户家庭年收入由 2012 年的 6.4 万元提高到 2014 年的 7.85 万元。

因为黎川县 2015 年代表江西省在国扶办组织的彩票项目终期绩效考评中，取得了 2012 年度彩票公益金创新试点项目全国第二名的好成绩，为全省争了光，全省也因此获得了 2015 年彩票公益金项目奖励资金 1000 万元。

小故事 11　彩票公益金项目搬走了挡在老区人民脱贫致富路上的"大石头"

2016 年、2019 年，山东省日照市莒县峤山镇大石头山区抓住两期中央专项彩票公益金机遇，实施彩票公益金项目，大力推动基础设施建设，帮助农民形成完善的农田生态系统，实施多个乡村振兴项目，带动农业高速发展。

山东省日照市莒县是 18 个沂蒙革命老区县之一，莒县峤山镇是省扶贫工作重点乡镇，大石头山区更是相对贫困的区域。当地群众流传顺口溜："大石头石头多，出门就爬坡""一个轱辘两人抬、两个轱辘扛起来、四个轱辘进不来"，形象地描述了当地的出行条件；"高粱不绣穗、玉米打光棍、地瓜不撑纹、数着花生长得好还是个独粒"，真实地反映了当地的立地条件。

2016 年脱贫攻坚战打响后，莒县聚焦大石头山区发展制约瓶颈，抓住 2016 年度、2019 年度两期实施中央专项彩票公益金支持贫困革命老区扶贫项目机遇，大力弘扬沂蒙精神，彻底搬走了挡在老区人民脱贫致富路上的"大石头"。

大石头山区两期彩票公益金项目共投入中央彩票公益金 4000 万元，县级财政配套 2267 万元，建设生产道路 55.67 千米，过路管涵 137 座，小型水利设施 42 个，土地综合平整 2.3 万亩，播撒有机肥 2.17 万亩，客土回填 2.7 万立方米，栽植农田防护林木 2.4 万株，实现新增耕地 4073 亩，所有耕地建成"旱能浇、涝能排"高质量标准农田，形成"田成方、路成框、水成网、林成行"的农田生态系统。同时，为推进乡村产业发展，引入工商资本 2.53 亿元，实施了印象梁甫文旅、干鲜杂果等乡村振兴项目 6 个；成功申请"莒县大姜""南涧小米"国家地理标志认证，带动峤山镇发展大姜 11000 亩、小米 4500 亩、林果 5000 亩、茶叶 2000 亩、榛子 1000 亩五个"千亩示范区"。

北涧村村民穆经发自豪地说："我家种了一亩大姜、一亩芋头，过去愁着卖，经常增产不增收。现在修了路、建了塘坝，收货商的车开到田间地头等着买。今年，我家大姜、芋头收入大约 25000 元，比 2019 年多了 5000 元。"

大石头河南村 69 岁村民王光庆激动地说："现在跟以前比简直是天翻地覆的变化，以前一年也就两三千的收入，现在两三万都有了。我儿子在外面打工，现在他也打算回家创业了。"

大石头山区由过去的土地"一二百元没人要"变成现在"八百块钱租不到"的喜人发展态势，仅新增的耕地就带动 38 个村集体增收近 800 万元；片区人均可支配收入由 2016 年的 5600 元增长到现在的 14600 元，接近全县农民人均收入水平，真正将"绿水青山"建成了"金山银山"。

小故事 12　彩票搭起彩虹路　藏区百姓致了富

2019 年、2020 年，四川省马尔康市连续两年获得国务院扶贫办共计 4000 万元的彩票专项公益金支持，通过实施彩票公益基金项目，带动当地配套资金及投资，解决农牧民出行难问题的同时，促进马尔康市旅游业等一系列产业发展。

马尔康市幅员面积 6626 平方千米，是革命老区，80 多年前，红军曾经过这里，留下了红军长征三进三出马尔康的故事，历时一年多时间，建立了党坝、松岗、马尔康、卓克基、凌磨、马塘等苏维埃根据地，毛泽东、朱德、周恩来在卓克基土司窑寨内驻留一周，并在这里粉碎了张国焘的"临时中央"，维护了以毛泽东同志为核心的中央委员会。红军在马尔康播下了革命火种，唤起了这里各族人民对革命的支持，支前人数达 8000 多人次，筹集军粮 100 万斤以上，支援马匹、牲畜 5000 头，仅党坝地区少年参加红军的就有 72 人，解放后毛泽东在北京接见当时参军的天宝说："马尔康为革命作出了巨大贡献和牺牲，我们欠马尔康人民的，这个账是要还的。"

新中国成立以来，党和国家给马尔康极大的关怀和支持，国务院扶贫办 2019 年、2020 年连续两年对马尔康下达彩票专项公益金支持，共计 4000 万元。

2019 年下达的 2000 万元资金，带动了当地配套资金 5200 万元，共计 7200 万元，打通了莫斯都村、洛城村、丹波村、哈飘村和直波村的封闭多年的长达 15.208 千米的致富之路；2020 年下达的 2000 万元，又带动了当地投资 3800 万元，共计 5800 万元。建设打通了马尔康镇查北村至大藏乡春口村长达 44.22 千米的村级路，为查北村、牧业村、九大湾、八大湾、大藏乡春口村的农牧民解决了出行难的问题。

图 73　马尔康市松岗至莫斯都岩画景区　　图 74　马尔康市松岗至莫斯都岩画景区
　　　　公路建设项目实施前　　　　　　　　　　　公路建设项目实施后

图 75 马尔康镇查北村道路堡坎修建中 图 76 马尔康镇查北村道路硬化修建后

以上 4000 万元的彩票公益金的下达，为打通这两条深山的道路起到了极大的"雪中送炭"作用。不仅使这里丰富的资源得到了很好的开发利用升值，而且使这里沿线的松岗碉楼群、莫斯都岩画、雪马的冰雪，以及高山草甸等文化资源从"待字闺中"得到了快速开发，成了人们向往的旅游景点，带动了一系列的产业发展，为这里的贫困百姓铺平稳定的致富之路。

小故事 13 "小"项目带来"大"效益

2015 年，中央转向彩票公益金将江西省宁都县杨依村列为小型公益项目，该项目于当年 7 月竣工，其一方面解决了当地群众"行路难"的问题，另一方面成为当地的一条"致富路"，可谓是小项目带来大收益。

杨依村位于黄陂镇东北部，距离宁都县城 45 千米，是"十二五"省级贫困村。2015 年，该村大坑公路被列为中央专项彩票公益金小型公益项目，总投资约 111 万元，其中中央专项彩票公益金 50 万元，县级配套及村民投工投劳折币 61 万元。该公路于 2015 年 7 月竣工，惠及全村 14 个村民小组 356 户 1563 人，其中贫困户 114 户 385 人，不仅解决了群众的"行路难"，而且成了当地村民一条名副其实的"致富路"，项目虽小，但效益巨大。

一是解决了村民"出行难"，赢得了革命老区民心。大坑公路修通以前，路面坑坑洼洼，每年雨季到处都是积水，村民苦不堪言，生产生活极为不便。公路修通后，村民出行方便。项目深受宁都老区人民欢迎，赢得了民心和口碑，受益农户称之为"致富路""共产党的功德碑"。

二是增加了贫困群众收入，探索了精准脱贫新模式。大坑公路修通后，进出村路程比以前的泥巴路缩短了 0.5 千米，降低了当地群众农业生产物资进出和农副产品外销的运输成本。2015 年，杨依村水稻总产量 72 万斤，全年农资（化肥、农药、种子等）购买量约为 60 吨，节省运输成本约为 2.4 万元；水稻收割后，约有 42 万斤粮食需要外售，可节省运输费用 8.4 万元左右。仅运输费用一项，全村村民可增收 10.8 万元。

三是发挥了农民群众主体作用，密切了党群干群关系。大坑公路实施过程中，实行"项目民选、方式民定、质量民管"模式，成立由老党员、老干部、老教师、老军人、老劳模等"五老"人员组成的质量监督小组，从项目实施、质量监督以及建成后的管护等过程全程参与，甚至有的村民自发到工地上监督项目质量和参加劳动，他们说："这是为我们自己做事，必须把好质量关，让子子孙孙永远受益！"同时，镇、村干部在项目实施中，积极为村民出点子、想办法、解难题，政府在群众中的形象和威望不断提升，党群干群关系更加密切。

该条公路项目，为杨依村居民改善了出行难的问题，增加居民收入，为精准脱贫提供新模式参考，在项目实施过程中密切联系群众，听取民意，密切党员与群众的关系，促进贫困革命老区的政治和经济社会发展。

小故事 14　支持基础设施建设　促进乡村旅游发展

2014 年重庆市中央彩票公益金支持革命老区贫困村发展旅游产业，村内人居环境和村民精神面貌普遍提高。

重庆市 1919 个贫困村中，649 个村有海拔 800 米以上的高山资源，总面积达 4000 多平方千米，涉及人口 100 多万。夏季重庆主城及周边地区天气炎热，市民避暑休闲需求旺盛。因此，乡村旅游被确定为重庆市精准扶贫、精准脱贫的支柱产业。

　　制约贫困村发展乡村旅游的一个重要障碍是基础设施落后，比如贫困村道路没有硬化，缺乏停车场、公共卫生间等。中央彩票公益金支持革命老区整修小型公益设施项目，集中支持贫困村 1 ～ 2 个方面的公益设施项目，恰恰有助于打破制约贫困村发展旅游的瓶颈。2014 年度项目实施县西阳县和城口县使用项目资金支持贫困村发展乡村旅游所需的基础设施。项目实施后，部分贫困村内道路、饮水、用电、通信等基础设施状况有明显改观，部分村达到 2A 级旅游景区甚至以上标准。所有接待户农房风貌和室内设施全面改造，并实现了人畜分离、人污分离，配套建设了卫生所、小超市、小广场、小鱼塘和休闲步道。村内的卫生环境显著改善，农民的精神面貌明显改观。

图 77　受益群众参与新田镇马峰村公路建设

图 78　新田镇马峰村公路建设前

图 79　新田镇马峰村公路建设后

　　加强农村基础设施建设，不仅是为了发展乡村旅游，也是为了改善乡村人居环境，落实以人为本的科学发展观，在中彩项目基金的支持下，重庆市一步步迈出脱贫步伐。

　　小故事 15　依托红色文化　发展红色文旅

　　天津市蓟州区下营镇位于天津北部山区，作为革命老区，这里发生过许多惊心动魄、感人肺腑的革命故事，近年来，下营镇依托自身红色文化，大力发展红色文旅项目，先后打造十里红色文化长廊，修缮爨岭庙烈士陵园和 6612 天津广播电台战备台，制定红色旅游线路，吸引游客的同时，也宣传了红色精神。文旅项目实施过程中得到中央专项彩票公益金支持欠发达革命老区乡村振兴项目的资助。

　　红色文旅项目修缮的爨岭庙烈士陵园初建于 1955 年，复建于 1979 年，1992 年 5 月 16 日，被蓟县人民政府公布为县级文物保护单位。2017 年，被评为天津市爱国主义教育基地。2021 年下营镇党委重新投资修缮该烈士陵园，陵园周围松柏树环绕，松柏树下竖立了 102 个大理石墓碑。十里红色长廊由刘庄子村爨岭庙烈士陵园出发，到青山岭村战备洞结束，全程 5 千米，路线蜿蜒曲折，有山路、有平地，途径果园、松树林、梯田等场景，并根据当时抗战历史设置 10 个点位对游客进行爱国教育，每个点位循环播放抗战时期该点位的红色革命故事、设置爱心捐助箱，小路全程播放 100 首红色歌曲，通过行走十里红色长廊可以让游客深刻体会抗战时期战士的艰辛，同时了解历史，接受爱国主义教育。根据两条不同线路设立红色革命食堂两处，让红色基因的传承更加感同身受。6612 天津广播电台战备台是 20 世纪60 年代，因国防需要而兴建，1979 年驻地部队撤离后战备电台被天津广播电台接管，后归下营镇青山岭村使用，后废弃不用，2018 年起，有关部门开始对战备洞进行抢救性维修，并将其建成爱国主义教育基地和国防教育基地，成为了探寻历史遗迹、缅怀峥嵘岁月的重要场所。

依托自身红色资源和文旅项目，下营镇先后开展"走进十里红色文廊·学悟中共百年党史""五老讲述党史故事""缅怀先烈，重温入党誓词"等活动，拍摄以黄崖关老党员卢玉兰为原型的电影《没有送出的鸡毛信》。同时，天津市广大党员干部群众积极到爨岭庙烈士陵园缅怀先烈，体验红色文化旅游路线。陵园爨岭庙烈士陵园年接待 2.5 万人次，开展活动 500 余场，为广大党员群众提供了一个可以了解、学习和掌握历史知识和革命传统文化的重要课堂，也成为广大党员群众培养民族精神、爱国情感和道德情操的重要载体。

图 80　爨岭庙烈士陵园（修缮前）　　图 81　爨岭庙烈士陵园（修缮后）

小故事 16　弘扬照金精神　坚持群众路线

陕西省耀州区弘扬照金精神，坚持群众路线，把群众参与理念贯穿2021 年中央专项彩票公益金支持欠发达革命老区乡村振兴示范区建设全过程，一切为了群众，一切依靠群众。充分发挥群众力量，保障人民群众的知情权、表达权、参与权、监督权，推动革命老区贫困县共同富裕，传承红色文化和基因。

其群众路线具体表现为以下四点：

问需于民。示范区项目实施前夕，由区领导带队，充分发挥四支队伍作用，进村入户，深入群众，开展实地调研，先后 20 余次深入柳林、蔡河、庙湾、玉门、三政 5 个村，通过调查问卷、召开村民大会和走访离退休老干部、乡贤能人、村民等方式听取群众有关示范区建设的意见建议，共计征集

图 82　耀州区乡村振兴示范区建设项目　　　图 83　瑶曲镇教场坪村温室大棚项目
　　　　实施后

意见建议 24 条。经多方研判，最终群众意见建议 16 条，及时对示范区规划设计进行了全面修改完善。

建设靠民。示范区建设过程中，不断鼓励群众参与示范区建设，组织参建企业与村级党组织共同协商，以村集体经济组织为桥梁，充分吸纳有条件的劳动力（建档立卡脱贫户优先）共同参与建设乡村振兴示范区，形成了以"企业＋村级党组织＋村集体经济组织＋农户"的合作模式，共计带动群众就业 120 余人，进一步强化群众"主人翁"意识。

管护依民。充分依靠、发挥各村监委会和区、镇两级纪委作用，紧盯集体"三资"管理、民生工程项目建设、惠民政策落实、基层党员干部作风等重点领域，牢牢把握示范区建设中的人、财、物这三个关键点，持续强化监督，提高监督质效，为高质量推进示范区乡村振兴保驾护航。

发展富民。示范区群众离土不离乡，通过香菇种植、基地务工、废料出售、入股分红等方式直接受益 1590 人，人均年收入 3500 元（其中已脱贫户 1363 人，人均年收入 3500 元）。

小故事 17　注重群众参与　激发内生动力

人民群众作为基层扶贫的参与者与见证者，是最熟悉当地情况的一批人。在"中彩项目"实施过程中注重群众参与，可以提升项目资金的使用效率和带贫效果，激发内生动力。

2012 年，甘肃省镇原县开边镇兰岔村实施彩票公益金项目，实行群众参与式管理，极大改善了干部及群众关系，提高了村庄治理水平。根据村党支部书记所说，以往扶贫项目的决策、组织实行"自上而下"的管理，存在项目不符合多数群众需要，项目施工、资金使用不透明，群众怀疑干部营私舞弊，组织群众投工投劳难度大等问题。2012 年度彩票公益金项目实行群众参与式管理，群众拥有项目的决策权，招投标、资金使用公开透明，对村干部能够通过竞争争取到彩票项目高度认可，投工出资的主动性明显增强，项目实施非常顺利，未发生投诉现象。

贵州省黔西县在 2014 年度中央专项彩票公益金支持革命老区小型公益设施建设项目实施过程中，面临贫困村基础设施建设严重滞后的问题，黔西县充分发挥群众的主体作用，认真听取和采纳群众意见，先后完成灌溉渠道建设和村组道路硬化建设，同时很大限度地节省了项目资金和其他成本。

2014 年度中央专项彩票公益金支持革命老区小型公益设施建设项目在黔西县协和镇实施，共投入中央彩票公益金资金 1000 万元，其中村组道路硬化计划投入资金 529.4 万元，灌溉渠道建设投入资金 470.6 万元。村组道路硬化涉及果坝、长峰和仡仲 3 个村，灌溉渠道建设涉及爱国村，沿途覆盖化甲社区和杨柳社区。果坝、长峰、仡仲和爱国村均是一类贫困村，基础设施建设严重滞后，贫困面大、贫困程度深、贫困人口多，基础设施建设是四个村亟须解决的问题，是制约发展的主要瓶颈，关系着贫困户能否同步脱贫致富奔小康的进程。

在项目实施过程中，不拘于原设计方案，充分发挥群众的主体作用，多次召开党政联席会议、村支两委会议、群众会议，认真听取和采纳群众意见，将规划设计与群众意愿有机结合，充分尊重群众意愿、还权于民、注重实效，真正以发挥项目效益作用最大化为落脚点，扎实抓好项目建设。

　　在灌溉渠道建设部分，根据群众意愿，针对原设计不能使项目发挥最大效益的弱点，认真组织施工单位、监理单位和水利部门专家、群众代表，实地考察，认真分析论证，确认存在以下问题：一是不能达到原设计方案的灌溉效果，且增加建设成本；二是明渠建设需占用农户大量的良田好土，影响群众收入，群众有意见；三是若按原设计要求实施，需将低位处垫高才能建沟渠，施工难度大，增加了工程量，提高工程造价；四是明渠容易沉积淤泥，管护难度大，给农户耕作带来困难，甚至给群众生产生活带来安全隐患。针对存在的突出问题，镇党委、政府及时组织相关单位对项目进行优化，将原设计的化甲社区段混凝土浇筑沟渠变更为管网安装。取消原设计的杨柳社区段安装 DN90 管 468 米，增设爱国村段安装 DN75 管 2140 米，增加管网覆盖区域 20 亩，满足农户耕作需求。通过对灌溉渠道建设项目进行优化，效益更优，不但解决了上述问题，还节约了建设成本，既节约了土地，又节约了资金，而且极大地改善了干群关系。

　　在村组道路硬化建设部分，根据大多数群众的要求，结合专家实地踏勘的意见，原规划设计存在许多不合理的地方：一是许多路段都存在弯多、坡陡、路急现象，不但给群众的出行带来严重安全隐患且施工难度也非常大；二是原设计路线多数路段穿过农户良田好土，且路面宽度与设计路面相差 1.5 米至 2 米，需占用农户大量的良田好土，极大地影响农户增产、增收。三是针对原设计不够科学的实际情况，镇党委、镇政府认真组织施工单位、监理单位和交通部门专家、群众代表实地踏勘，分析论证，经过充分征求意见，本着总投资不突破批复资金 529.4 万元的实际情况，重新对通组道路线路进行了优化，形成了新的方案。总里程从原设计硬化 13.93 千米调整为 11.665 千米，增加新开挖路段 4.374 千米。其中，从协和街道到果坝村的道路，协调拆除 1 幢民房，原设计方案硬化通组路 4.73 千米，调整为硬化通组路 3.825 千米，减少了 905 米；仡仲段，原设计方案硬化通组路 2.5 千米，调整为硬化通组路 3.5 千米，增加了 1 千米；长峰段，原设计方案硬化通组路 6.8 千米，调整为硬化通组路 4.34 千米，减少了 2.46 千米。总体效益上：一是节约了大量的良田好土；二是项目进行优化后，给受益群众的生产生活带来了极大方便，节省了道路的运行使用成本，所产生的经济价值和社会效益十分显著。

项目的建成，成功地改善了协和、太来、中坪 3 个乡镇 3625 户 14193 人（其中：贫困户 725 户 2537 人）的通行运输困难，解决了 879 户 3080 人（其中：贫困户 218 户 786 人）饮水困难，确保了 869 亩田土的灌溉。进一步夯实了协和镇农业基础设施条件，改善了农民群众生产生活条件和居住环境，促进了乡风文明逐步形成，有力地促进农业产业结构调整，有效带动乡村特色种养等相关产业的发展，增加了农民经济收入，其经济、社会和生态效益十分显著，加快了当地群众脱贫致富奔小康步伐，得到了干部、群众的一致好评，极大地改善了干群关系。

图 84　定新乡马骖村大坡上通组路建设前　图 85　定新乡马骖村大坡上通组路建设后

黔西县 2014 年中央专项彩票公益金支持革命老区小型公益设施建设项目通过充分发挥群众参与优化调整实施后，共节约彩票公益金 104.25 万元（其中水节约 86.07 万元，路节约 18.18 万元）。节约资金将按照中央专项彩票公益金的相关管理办法和充分采纳项目村老百姓的意愿，优先考虑原项目村小型公益设施建设，重点考虑在项目实施过程中土地受到占用并积极配合项目实施的农户尤其是贫困户的基础设施建设，促进其加快脱贫致富奔小康的步伐。

项目的顺利建成，人民群众功不可没，彩票基金为了人民便要从人民出发，在了解群众需要和意愿后，征集利害涉及户的想法，才能更好地发挥项目资金的作用，既能节省良田，又能给群众带来极大方便，正所谓"一切为了人民，一切依靠人民"。

小故事 18　彩票公益金　密切党群心

"十三五"期间，河北省赤城县将中央下达的共计 4000 万元的两批专项彩票公益金，全部投入贫困村基础设施建设和产业扶贫项目，有力保障了赤城县高质量脱贫摘帽，并为下一步实施乡村振兴夯实了基础。

赤城县是国定贫困县，更是革命老区县。于今年 2 月经河北省人民政府批准，退出贫困县。但红色基因的种子将永远在这里发扬光大。赤城县地处河北省西北部深山区，总面积 5287 平方千米，素有"八山一水一分田"之称，是首都的重要水源地和生态屏障。同时，赤城县历来又是护卫北京的战略要地，远古曾发生的故事就暂不累赘了，仅抗日战争时期，赤城人民为保卫平北抗日根据地就作出过巨大贡献和牺牲，全县平均每 6 人就有 1 人为抗战牺牲，仅海陀山西侧的姜庄子村，全村 500 多人，有 470 多人在抗战中牺牲。这片红色的土地，每条山沟都流淌着烈士的鲜血，每座山峰都是烈士的丰碑！赤城为之骄傲。解放后，为确保首都的好风好水，赤城县果断实施退稻还旱和禁渔工程，县域黑、白、红三条河流沿线渔业和水稻种植全部终止，赤城人民牺牲小我利益，服从大局无怨无私。

党中央、国务院和各部门，不忘初心，多年来给予赤城县极大的关心和支持。特别是党的十八大以来，在习总书记的亲切关怀下，张家口迎来了空前的发展机遇，在脱贫攻坚拔寨的"十三五"关键期间，中央下达了带着温暖和关爱的两批专项彩票公益金共计 4000 万元，赤城县经过整合全部用于贫困村基础设施建设和产业扶贫项目，及时让全县贫困群众享受到中央政策红利。中央彩票公益金对赤城县这个正在爬坡过坎、转型发展的贫困老区真正起到了点石成金、雪中送炭的作用，收到了显著的扶贫效益和社会效益，有力地保障了赤城县高质量脱贫摘帽，并为下一步实施乡村振兴夯实了基础。

中央专项彩票公益金让贫困村基础设施"好起来"。

2018 年，赤城县使用中央专项彩票公益金 2000 万元，配套专项扶贫资金 3404 万元、县自筹 1160.2 万元，涉及 11 个乡镇 138 个行政村 173 个自然村，覆盖 1525 贫困户，主要完善贫困村基础设施建设，完成硬化村内街道 34.58 万平米；修建文化室、卫生室等共 97 间；维修文化广场 72 处 3.08 万平米，健身设施 54 套；安装路灯 3534 盏。项目的实施，一是道路硬化解决了群众出行难问题，也为群众打通了致富路；二是实现了贫困村美化、亮化，优化了人居环境，提高了生活质量；三是崭新的文化设施活跃了群众业余生活，提高了幸福指数。

中央专项彩票公益金让农村富民产业"强起来"。

2019 年，赤城县使用中央彩票公益金 2000 万元，实施资产收益扶贫项目 21 个，涉及独石口、云州、龙门所等 10 个乡镇 32 个行政村。在龙门所镇李家窑和三义村共建设蔬菜大棚 100 栋；在独石口镇半壁店村，完成绿晨食品加工有限公司厂房扩建项目，年蔬菜加工能力 800 吨，年销售收入 240 万元；在龙关镇椴木沟村建设红谷子加工厂 1 座，年红谷子有机小米销量 30 吨，销售收入 60 万元；在独石口、云州等 9 个乡镇的 15 个行政村，建成标准化肉牛养殖场 15 座、羊场 1 座、猪场 1 座及各种配套设施，养殖肉牛 6000 头、羊 1000 只、猪 500 头。

项目的实施，一是通过资产收益二次分配，设置扶贫专岗和救助金，直接增加了贫困户收入，项目覆盖贫困户 2659 户，户年均增收 530 元；二是夯实了项目村产业基础设施，增加了村集体收入，村集体"有钱办事"，提升了社会效益；三是中央彩票公益金支持加工类扶贫项目，延伸了当地农业产业链，推动农业种植结构调整和一二三产业融合发展；四是通过建设标准化养殖场，实行"集中圈养、区域化布局、标准化生产、规模化经营"，促进传统养殖业向集约、高效、生态、健康的现代养殖业转变，实现保护生态、整治农村环境和带动脱贫攻坚统筹并进。

中央专项彩票公益金让广大群众"幸福起来"。

项目的实施，使农村环境美了，农民腰包鼓了，生活品质高了，奔小康的精气神足了，广大群众满怀幸福感和对党中央的感恩情怀，对美好生活更加向往，赤城人民将以出色完成"两区"建设任务来报答党和各级政府的关心支持之恩。

图 86 龙门所镇三义村春秋大棚施工前   图 87 龙门所镇三义村春秋大棚施工后

赤城这座演译过红色故事的红色土地上正伴随着中国社会主义进入新时代的步伐，全力以赴打造"大美在霞城，仙境在赤城"的首都旅游观光康养后花园。

小故事 19   地方老促会参与"彩票项目"监督

2012 年，重庆市扶贫办引入重庆市老区建设促进会和石柱县老区促进会共同参与"彩票公益金整村推进项目"实施过程的监督管理。老促会在"中彩项目"基金使用过程中，严格监督，及时出面，为村民办实事，真正发挥了"帮助'彩票公益金项目'整合资金，协调关系，解决困难"的作用。

2012 年，重庆市扶贫办为了认真抓好"彩票公益金项目"工作，在征得重庆市老区建设促进会同意之后向石柱县行文，希望重庆市老区建设促进会和石柱县老区促进会共同参与"彩票公益金整村推进项目"实施过程的监督管理。老促会是以"服务老区人民，促进老区发展"为宗旨的社团组织，具有较强的协调能力和社会影响力。老促会承担"彩票公益金项目"实施过程的监督管理工作后，主要开展了三方面活动：一是组织项目村群众代表学习、讨论"彩票公益金项目"的选项、监管等基本要求，扩大群众参与程度；二是对照"管理要求"，开展工程现场检查，发现问题及时处理，督促项目顺利实施；三是帮助"彩票公益金项目"整合资金，协调关系，解决困难。

图 88　石柱县中益乡光明村　　　图 89　石柱县中益乡华西村蜂蜜
　　　　关庄坪农田综合整治　　　　　　　　　扶贫厂房

随着"彩票项目"的有序开展，配套的监督管理机制也逐步完善，重庆市石柱县引入社会力量参与项目管理监督，为更多贫困革命老区"彩票项目"的落地推进提供借鉴。

老促会不仅在"中彩项目"基金使用过程中有效发挥了监督管理的作用，而且在提升群众生活质量方面也作出了应有的贡献。曾经，石柱县漆辽村申请用"中彩项目"资金新建村级活动室，资金总量出现缺口，困难之时，市县老促会及时联系会员单位——重庆市烟草公司援助。市烟草公司很快研究决定，把他们在该村已经停止使用的烟草收购站地皮和房屋无偿捐赠送给漆辽村，2014 年 3 月完成捐赠手续。年末，用"中彩项目"资金在捐赠的地皮上建成了两层楼的村级活动室，当地群众十分满意。

小故事20　广西彩票项目引入"竞争选县"机制，调动试点县积极性

2013年广西壮族自治区对彩票公益金扶贫项目引进竞争机制，并对项目县制定三档资金分配制度，成立专门的项目工作领导小组，提高试点县积极性的同时加强人员部署。

广西壮族自治区2013年从20个参选县中产生确定了凤山等7个项目县，还按评审得分排名顺序确定了三个档次的资金分配额度，排前3名项目县为第一档，排名中间为第二档，排后3名为第三档，资金分配额度存在适当差别（每一档的县资金分配额度相差200万元左右）。广西彩票公益金扶贫项目均严格按照公平竞争、择优遴选的方式确定试点县，并向社会公示，至今未收到任何质疑和投诉。

在扶贫重要项目确定中引入竞争机制，同时还利用资金分配的一定差异，激发了参选县的竞争意识，减少以往有的贫困县存在的"等、靠、要"现象，参选县表现出极高的积极性。参选县委、县政府领导亲自部署、亲自组织，认真了解彩票公益金扶贫项目情况，协调相关部门编制扶贫项目和行业配套项目规划，仔细研究项目实施措施和保障，积极整合投入，安排工作经费。在竞选陈述环节，绝大部分参选县的一把手亲自上台现场陈述，展示自己实施好项目的决心和措施。

被确定为项目县后均成立了以县委书记或县长为组长，副县长为副组长，县直有关职能部门和项目乡镇一把手为成员的项目工作领导小组，项目县在财政十分困难的情况下，有的还安排县级配套资金，有的整合资金2000万元以上，承诺并落实安排工作经费10万～30万元不等，为项目实施奠定了良好基础。2013年凤山县项目规划投入项目资金总量达1亿元以上，除1500万元中央彩票专项公益金以外，整合部门资金6353.1万元，社会帮扶资金71.6万元，农户投工投劳4669.3万元，并在财政收入非常紧张

的情况下落实工作经费 60 万元。

项目中引进竞争机制是一项很好的制度创新设计，充分调动了试点县积极性，促进了政府转变观念，实现了群众放心、政府省心的良好效果。目前，通过公开竞争方式择优遴选项目县已经成为广西彩票公益金扶贫项目组织管理工作中的一项固定的工作模式，并已经在广西"十百千"产业化扶贫示范工程、科技扶贫试点、旅游扶贫试点等项目中得到使用推广。

小故事 21 "五民一补"活机制 脱贫攻坚促发展

四川省通江县在 2015 年实施了中央专项彩票公益金支持革命老区小型公益设施建设项目，项目中始终把机制创新和完善作为项目实施的前提，探索和总结出了"五民一补"建设机制，共完成投资 2017 万元，占计划投资的 100%。彩票公益金项目取得了初步成效，加快了全县脱贫攻坚步伐。

"五民一补"指的是，项目民报、方案民定、工程民建、建设民管、资金民审和先建后补，下面我们来分别了解一下这六项各是什么含义，通江县又是如何具体实施的：

一是项目民报顺民意。为尊重受益群众的建设意愿，县乡加大了对中央专项彩票公益金支持革命老区小型公益设施建设项目的宣传，做到了家喻户晓。项目乡镇、村组织引导群众以单户、联户、协会为申报主体，自愿向乡镇、村申报建设工程类型，召开村民大会进行民主选项，经群众代表、村委会、乡镇政府审定后，再向县扶贫和移民工作局、财政部门申报。2015年，项目村群众组成 21 个业主对 10 个单项工程进行建设申报，最终确定了6 个项目，群众建设积极性高涨。

二是方案民定集民智。为了优化项目的整体布局，县上在综合分析项目村基础条件、产业潜力、群众意愿的基础上，确定建设以路为主的基础设施，解决"最后一公里"和"卡脖子"问题。县规划设计组对工程建设的形式、标准、地点等在集中群众智慧的基础上，制定了2至3套方案，交由群众自主选择建设方案，经相关部门评审后，再批复组织实施。

三是工程民建聚民力。整个项目建设始终坚持以受益群众为主体，根据不同的工程类型确定群众参与建设形式，对机电设备安装、混凝土浇筑、U形渠等技术含量较高的建设内容采取"群专结合"，由专业施工队伍和受益群众共同建设；对网管铺设等一般性技术工程采取"群技结合"，由技术工人和群众联合实施；对土石方开挖、清淤、材料搬运等简单劳动采取"群群结合"，由受益群众换工互助完成。据概算，项目区群众累计投劳折资达498万元，占24.7%。

四是资金民审行民权。为了公开透明地管理好项目资金，保障群众行使好监督权，重点加强了"三个环节"的资金监督。第一，对建设工程的资金预算让群众知晓，村组干部对群众的筹资只收钱不管钱，由项目执行小组和村民议事小组共同管理。第二，对筹资的收取情况和项目资金的使用情况，由项目监督小组和村民代表审查，并通过群众大会审定。第三，对项目补助多少、补助什么、补助给谁、补助时间及补助方式，均在村务公开栏张贴公示，无异议后，再按规定程序报账，确保资金公开、透明、安全。

五是建设民管履民责。项目实施完毕后，组织召开资产移交大会，县扶贫、财政部门将彩票公益金形成的资金移交给乡镇、村，坚持"谁受益，谁管理"的原则，根据工程性质，确权颁证，以群众为主体，落实管护责任，充分发挥工程效益。对以农户自建为主的工程由受益户"联户管理"；由村民委员会统一建设的，由村民委员会为业主，落实专人进行统一管理，村主任为第一责任人，养护工人为直接责任人。目前，项目区制定管护公约6个、落实管护责任人12人，健全了长效管护机制。

六是先建后补强保障。严格坚持"先建后补、筹补结合、不建不补"

的原则，对竣工的工程，由建设业主申请，经村民自验、乡镇初验、县级相关部门验收合格后，兑现补助资金 90%，留 10% 的质量保证金，保障了群众利益，为项目建设提供了强力保障。

图 90　山沟里的通村致富路实施前　　图 91　山沟里的通村致富路建成后

图 92　农旅产业路项目实施前　　图 93　农旅产业路建成后助推增收致富

通江县位于秦巴山连片贫困核心区，是国家新阶段扶贫开发重点县，幅员面积 4116 平方千米，辖 49 个乡镇 524 个村，总人口 80.2 万人，其中农业人口 62.64 万人。2014 年全县精准识别贫困村 157 个，贫困人口 32498 户 110550 人，贫困发生率 17.4%。脱贫攻坚以来，县委、县政府始终坚持以习近平新时代中国特色社会主义思想为指导，始终聚焦"两不愁三保障"，始终坚决落实好中央彩票公益金支持贫困革命老区县扶贫项目。截至 2020 年，全县贫困人口贫困村全部脱贫，贫困县顺利"摘帽"。

四川省通江县在项目实施过程中，充分发挥群众的主体作用，多次召开党政联席会议、村支两委会议、群众会议，认真听取和采纳群众意见，将规划设计与群众意愿有机结合，充分尊重群众意愿，还权于民、注重实效，真正以发挥项目效益作用最大化为落脚点，扎实抓好项目建设。

小故事 22　彩票推进产业发展项目后续管理

2012 年，陕西省镇巴县渔渡镇花果村实施彩票公益金项目，发展樱桃 508 亩、魔芋 478 亩，同时通过种植培训帮助贫困户脱贫致富，目前樱桃产业已成为该村主产业。

渔渡镇重视樱桃产业项目的后续管理和科学技术的培训与指导。镇扶贫办与培训机构（汉中市植物研究所）签订了培训期限为三年的培训合同，合同中明确了双方的责任。合同签订之前，汉中市植物研究所应镇扶贫办的要求，派出培训老师驻村，进行实地调研，针对该村的地貌、土质、气候等因素，制定樱桃及魔芋生长周期一览表交镇扶贫办留存。镇扶贫办按照一览表中的时间段结合村上的实际情况安排时间和培训内容组织培训，采用统一授课和田间实地操作示范的方式进行培训。

经协商约定：1. 镇扶贫办按照每个培训老师每次 1000 元的标准支付培训费用，植物研究所每次派驻两名老师进行至少为期一天的培训，交通、食宿等费用自行承担。若因培训需要延长了培训时间，对延长培训时间后所产生的食宿费由镇政府负责承担。2. 所有费用的支付待培训合同期满后，按照培训登记表进行核算后一次性支付，培训期间不支付任何费用。3. 每次培训前老师做好培训资料的样本通过网络传到镇扶贫办，镇扶贫办按照老师提供的培训资料样本印刷资料，发到各农户手中。4. 单次培训结束后，培训老师要将培训对象代表、镇村干部三方签字确认的培训登记表送镇扶贫办审核后存档，作为支付培训费用的原始依据。5. 每次培训结束后，老师所培训的内容和要求由包片责任人负责监督落实。6. 单次培训结束后，扶贫办在 20 个工作日之内，到村采用让农户实地操作演练或走访调查的方式对本次培训进行效益评估，并及时将评估结果通报植物研究所，便于调整和改进培训方案。7. 按照培训机构提供的樱桃及魔芋生长周期一览表，培训三年合同期满后，也就是樱桃挂果的时间段。镇扶贫办将通过实地检查樱桃是否挂果，对本次培训进行评估和验收。验收合格率达到 90% 以上方才进行财务核算，支付培训费用。

通过为期两年近 20 余次的农业实用技术培训后，现在樱桃、魔芋长势良好。目前花果村樱桃种植规模已达到近千亩，花果村也成为名副其实的花果山。樱桃产业已成为该村农户致富增收的主导产业。

小故事 23　激活红色引擎　焕发乡村治理"新活力"

山西省武乡县韩北镇王家峪村位于武乡县韩北镇西南部，距离武乡县城 30 千米，是八路军总部旧址所在地，村内共有 58 处红色遗址。近年来，王家峪村党支部在县委、县政府的坚强领导下，结合乡村振兴示范区和红色美丽村庄建设，深入挖掘红色资源，大力发扬红色传统，以"党建 + 红色"模式为抓手，不断激发支部治理效能，乡村治理能力得到进一步提升。

王家峪村在经济、文化、政治和党建等方面分别取得了不错进展：

在经济上，王家峪村集中力量发展集体经济，推动产业高质量发展。坚持以集体经济聚拢人心、赢得口碑，为乡村治理打下坚实经济基础。

一是筑牢产业"压舱石"。结合乡村振兴示范区建设，推进红色美丽乡村提档升级，实施村内基础设施、给排水管网铺设、雨污分流项目，实现 113 户村民生活污水处理全覆盖，从根本上解决村民生活用水问题和村内环境污染问题。

二是提升产业"承载力"。运用扶持壮大村级集体项目资金，购买观光旅游车 50 辆，积极参与景区道路、停车场、游客接待服务中心公用设施建设，有效提升旅游综合承载力和接待力。

三是打响产业"特色牌"。新建手工艺品、农副产品展销中心，组织村民进行技能培训，自制销售粗布千层鞋底儿、棉布老虎、八路军娃娃、

红星杨挂坠以及特色小杂粮，带动 84 户村民增收致富，村集体经济增收 5
万元。

　　图 94　韩北镇道路扩建前　　　　　　图 95　韩北镇道路扩建后

　　图 96　韩北镇道路硬化前　　　　　　图 97　韩北镇道路硬化后

　　在文化上，王家峪村大力发展文旅融合，挖掘文化内生动力。一是深
耕红色革命文化。立足八路军总部旧址和党性教育基地优势，组织干部群众
进行爱国主义教育，开展老党员讲党课系列活动 12 次，重温抗战岁月、传
承红色基因、赓续红色血脉，不断加强党员党性修养。二是深挖优秀传统文
化。大力发展武乡秧歌、板书等独具特色的传统文化，编排演出节目 3 场，
彰显村民自力更生、艰苦奋斗、勤俭节约的精神风貌，展现了"军民一家
亲"的红色史实，为乡村治理培植浓厚文化沃土。三是深化文旅融合文章。
利用独具武乡特色的文化载体演绎太行军民前赴后继抗击侵略者的英勇史

诗，打造武乡特色文旅演绎品牌，不断提升八路军总部王家峪旧址红色旅游产业知名度，并带动特色手工艺品和农产品的对外销售，以聚集文旅资源搭建平台，助农兴农，助力乡村振兴。

在政治上，深刻落实村民自治，提升乡村治理效能。坚持以群众需求为导向，完善"一约五会"体制机制，形成"群众事情群众办"的良好氛围。一是以自治强心。推行公开项目"全"字当先、意见反馈"实"字当头、信息公开"广"字为标，召开村民代表会议 21 次，集中讨论乡村振兴、红色美丽村庄建设、疫情防控、环境卫生整治、森林村庄建设等中心工作，真正打通群众参与村务工作"最后一公里"。二是以法治正心。开展形式多样的法律援助和宣传教育活动，充分发挥网格化管理作用，筑牢村民法治防线，主动上手化解矛盾纠纷 36 起，积极响应村民群众诉求。三是以德治润心。形成以村支部为主导，村民群众为主体，群团组织、志愿者队伍、社会组织参与的工作模式，实现党员"围着群众转、带着群众干、解决群众盼"，营造党员引领、干部带头、群众参与的良好氛围。

在党建工作上，发挥党的引领作用。一是抓实基本制度。始终把突出基层党组织政治功能放在首位，严格落实"三会一课"制度，全面推行"四议两公开"工作法和"两面公开墙"，规范议事程序和议事规则，夯实党建"厚根基"。二是抓严党员管理。实施党员积分制管理，为老党员送学上门 8 次，实现党员日常出勤上墙、为民服务上门、宗旨意识上心，全面激发队伍"新活力"。三是抓好网格化管理。健全"行政村党组织—网格小组（党小组）—党员联户"村级组织体系，进一步发挥志愿服务队伍作用，构建常态化、制度化、规范化志愿服务模式，有效服务群众 63 次，绽放志愿服务"新光芒"。

小故事 24　立足优势产业，谱写脱贫致富"新篇章"

作为山东省 20 个扶贫工作重点县之一，沂南县被评为"全国健康扶贫工程示范县""全省脱贫攻坚先进单位",县扶贫办被评为"全国扶贫系统先进集体"。党的十八大以来,沂南县坚持把脱贫攻坚作为首要政治任务和第一民生工程,以统筹城乡发展为主线,大力实施"三大优先"发展战略,按照"产业带动、金融支撑、精准施策、整村提升"攻坚路径,紧盯"两不愁三保障"和饮水安全重点任务,统筹谋划、系统推进,全县6.7万户12.5万建档立卡贫困人口全部实现稳定脱贫,135个省扶贫工作重点村全部达标退出。

在脱贫攻坚过程中,沂南县坚持以点带面、区域突破,把135个扶贫工作重点村作为脱贫攻坚主战场,创新实施"六个一"工程,在每个扶贫工作重点村发展一个特色产业项目、建设一个扶贫就业点、安装一个光伏电站、完善一个公共服务平台、建立一个孝心养老基金、成立一个扶贫理事会,形成了一村多业、一户多策、一人多岗新发展模式,提升了管理服务和社会治理能力,夯实了脱贫攻坚和乡村振兴基础。

南栗沟村党支部带头创办禾润果蔬种植合作社,注册了"汶水栗沟""伊来汶"两个商标,采用"合作社+村'两委'+基地+农户"模式,流转闲散土地500余亩,建设了60个高效蔬菜种植大棚和占地40多亩的蔬菜采摘园,农户返包经营,合作社负责提供苗木和技术,以点带面联农发展,村民既可获得土地租金又可发展生产获得收入,拓宽了增收渠道。目前全村蔬菜种植户全部加入合作社,形成了规模化、产业化、品牌化发展。

岸堤镇充分利用境内石灰石和生态资源禀赋,引进山东中信钙业有限公司、山东金浩源矿业有限公司、法国安德鲁果品有限公司等企业,壮大镇域工业经济,并不断通过技术创新,延伸产业链条,工业规模不断壮大。投资10亿元的力诺光伏发电以及光伏储能项目,投资3亿元的美乐多食品有限公司等成为绿色发展的生力军。成功申办朱家林国家级田园综合体试点项目,省委党校岸堤校区、朱家林农创园、乡伴·柿子红理想村、中国农科院

图 98　农民喜获丰收

图 99　大棚内蔬菜生长旺盛

图 100　蔬菜大棚俯视图

图 101　蔬菜大棚紧密分布

郑州果树研究所沂南试验站等项目相继投入运营，"天河本草园""蚕宝宝"等 15 个农业产业项目相继落地开花；"桃本桃""沂蒙大妮"天猫校园等电商平台新模式新业态拓展壮大。

　　竹泉村是山东省第一个系统开发的古村落景区，先后获评"全国休闲农业与乡村旅游示范点""国家 4A 级景区""中国乡村旅游模范村""全国文明村""国家水利风景区""首批山东景区化村庄""山东省夜间文化和旅游消费集聚区"等称号。通过依托景区，积极探索"合作社 + 农户"模式，走出了一条政府、企业、村集体、群众的四方共赢跨越发展新路径。通过荒山承包、土地入股、建设商铺等形式，村集体年收入达 42.5 万元。依托景区资源，发展农家乐餐饮、住宿经营户 50 余家，特色商品经营户 30 家，500 余名村民实现了就地就业，形成了林果种植、山泉水灌装、手工技艺、餐饮住宿等独具特色的一、二、三产业融合发展模式，人均年可支配收入达到了 3 万元以上。同时带动周边 13 个村土地流转价格由每亩 200 元增加到 1200 元，以及发展农家乐、民宿、食品加工等产业，实现整体脱贫。

参考文献

[1] 中国老区网.国务院关于新时代支持革命老区振兴发展的意见 [DB/OL].（2021-02-20）. http://www.zhongguolaoqu.com/index.php?m=content&c=index&a=show&catid=34&id=61651.

[2] 中华人民共和国中央人民政府.国务院关于新时代支持革命老区振兴发展的意见 [DB/OL].（2021-02-20）. http://www.gov.cn/zhengce/content/2021-02/20/content_5587874.htm.

[3] 中华人民共和国中央人民政府.国务院关于支持赣南等原中央苏区振兴发展的若干意见 [DB/OL].（2012-07-02）. http://www.gov.cn/zwgk/2012-07/02/content_2174947.htm.

[4] 中华人民共和国中央人民政府.国务院关于赣闽粤原中央苏区振兴发展规划的批复 [DB/OL].（2014-03-18）. http://www.gov.cn/zhengce/content/2014-03/18/content_8719.htm.

[5] 中华人民共和国中央人民政府.国务院关于左右江革命老区振兴规划的批复 [DB/OL].（2015-02-16）. http://www.gov.cn/zhengce/content/2015-02/16/content_9488.htm.

[6] 中华人民共和国国家发展和改革委员会.国家发展改革委关于印发大别山革命老区振兴发展规划的通知 [DB/OL].（2015-06-18）. https://www.ndrc.gov.cn/xxgk/zcfb/ghwb/201506/t20150618_962155.html?code=&state=123.

[7] 中华人民共和国中央人民政府.发展改革委关于印发川陕革命老区振兴发展规划的通知 [DB/OL].（2016-08-04）. http://www.gov.cn/xinwen/2016-08/04/content_5097513.htm.

[8] 河北省人民政府. 河北省人民政府关于新时代支持重点革命老区振兴发展的实施意见 [DB/OL].（2021-03-29）.

[9] 江西省人民政府. 关于新时代进一步推动江西革命老区振兴发展的实施意见 [DB/OL].（2021-05-27）http://www.jiangxi.gov.cn/art/2021/5/27/art_396_3377098.html.

[10] 浙江省人民政府. 浙江省人民政府关于新时代支持浙西南等革命老区振兴发展的实施意见 [DB/OL].（2021-08-06）. http://www.zj.gov.cn/art/2021/8/6/art_1229019364_2316852.html.

[11] 浙江省人民政府办公厅. 安徽省人民政府办公厅关于新时代支持大别山革命老区振兴发展的实施意见 [DB/OL].（2021-09-26）. https://www.ah.gov.cn/zwyw/ztzl/tdgzlfzdysdgjz/zcjd/zc/554045171.html.

[12] 陕西省人民政府办公厅. 陕西省人民政府关于印发新时代支持革命老区振兴发展若干措施的通知 [DB/OL].（2021-08-27）http://www.shaanxi.gov.cn/zfxxgk/fdzdgknr/zcwj/szfwj/szf/202108/t20210827_2188551.html.

[13] 四川省人民政府. 四川省人民政府关于新时代支持革命老区振兴的实施意见 [DB/OL].（2021-08-25）. https://www.sc.gov.cn/10462/zfwjts/2021/8/25/9c2e0b90d26e46d1bf720ee011b02ebc.shtml.

[14] 河南省人民政府. 河南省人民政府关于新时代支持革命老区振兴的实施意见 [DB/OL].（2021-09-10）.https://www.henan.gov.cn/2021/09-10/2310627.html.

[15] 海南省人民政府. 海南省人民政府关于新时代支持琼崖革命老区振兴发展的实施意见 [DB/OL].（2021-10-08）. http://hainan.chinatax.gov.cn/ssxc_1_4/08136405.html.

[16] 湖北省人民政府. 省人民政府关于新时代支持革命老区振兴发展的实施意见 [DB/OL].（2021-11-02）. http://www.hubei.gov.cn/zfwj/ezf/202111/t20211102_3840842.shtml.

[17] 山西省人民政府.山西省人民政府关于新时代支持山西太行革命老区振兴发展的实施意见.http://www.shanxi.gov.cn/zfxxgk/zfxxgkzl/fdzdgknr/lzyj/szfwj/202205/t20220513_5976532.shtml.

[18] 江苏省人民政府.省政府办公厅关于印发支持革命老区相对薄弱乡镇振兴发展促进共同富裕若干措施的通知.http://www.jiangsu.gov.cn/art/2022/11/21/art_84418_10674738.html.

[19] 湖南省人民政府.湖南省人民政府办公厅关于印发《"十四五"支持革命老区振兴发展实施方案》的通知.http://www.hunan.gov.cn/hnszf/szf/hnzb_18/2022/2022015/szfbgtwj_98720_88_1qqcuhkgvehermhkrrgnckumddvqssemgdhcscguemrbsvtvegftmrsk/202208/t20220815_27582703.html.

[20] 福建省民政厅.福建省民政厅关于印发贯彻落实新时代进一步推动福建革命老区振兴发展实施方案若干措施的通知.http://mzt.fujian.gov.cn/zfxxgkzl/zfxxgkml/gfxwj/lqsw/202204/t20220406_5875455.htm.

[21] 云南省人民政府.云南省人民政府关于新时代支持左右江革命老区振兴发展的实施意见.https://www.yn.gov.cn/zwgk/zcwj/yzf/202112/t20211231_233792.html.

[22] 上海市人民政府.上海市人民政府关于新时代支持革命老区振兴发展的实施意见.https://www.shanghai.gov.cn/nw12344/20221014/ea470570b9f24115ba836a0ca14c5ef2.html.

[23] 重庆市人民政府.重庆市人民政府关于新时代推动革命老区振兴发展的实施意见.http://www.cq.gov.cn/zwgk/zfxxgkml/szfwj/qtgw/202111/t20211110_9943560.html.

[24] 内蒙古自治区发展和改革委员会.蒙古自治区发展和改革委员会农牧厅乡村振兴局关于印发《内蒙古自治区新时代支持促进革命老区振兴发展的若干措施(2021—2025年)》的通知.http://fgw.nmg.gov.cn/zfxxgk/fdzdgknr/bmwj/202112/t20211230_1987718.html.

[25]中华人民共和国国家发展和改革委员会.宁夏回族自治区印发《关于新时代支持革命老区振兴发展的实施意见》.https://www.ndrc.gov.cn/fggz/dqzx/gglqzxfzf/202112/t20211222_1308972_ext.html.

[26] 中华人民共和国国家发展和改革委员会.贵州省印发《关于新时代支持革命老区振兴发展的实施方案》.https://www.ndrc.gov.cn/fggz/dqzx/gglqzxfzf/202110/t20211008_1298815_ext.html.

[27] 中华人民共和国国家发展和改革委员会.广东省印发《关于新时代支持革命老区和原中央苏区振兴发展的实施意见》.https://www.ndrc.gov.cn/fggz/dqzx/gglqzxfzf/202110/t20211008_1298814_ext.html.

[28] 汝城县人民政府.2022年汝城县政府工作报告.[DB/OL].（2022-05-18）.http://www.rc.gov.cn/zwgk/ghjh/gzjh/content_3363191.html.

[29] 伏恬舒.红色旅游与乡村振兴耦合发展路径探索——以汝城沙洲村为例 [J/OL]. [2022-05-17] 中南林业科技大学学报（ 社会科学版），2022（2）:132-138.

[30] 中央广播电视总台.总书记挂念的红色老区从"半条被子"到幸福日子.[DB/OL].（2021-11-27）.http://www.news.cn/politics/2021-11/27/c_1128106975.htm.

[31] 酉阳土家族苗族自治县人民政府.2022年酉阳土家族苗族自治县政府工作报告.[DB/OL].（2022-05-18）.http://youyang.gov.cn/zwgkxj/zfxxgkmlxj/zfgzbg/202201/t20220113_10298052.html

[32] 重庆晚报.贫困村来了"领头羊"红叶梯田都变旅游资源.[DB/OL].（2022-05-18）.https://www.chinanews.com.cn/cj/2019/04-16/8810790.shtml.

[33] 陈维灯.酉阳"空心村"变"桃花源"[N]. 重庆日报，2021-12-07（004）.

[34] 黄强 . 2022 年龙胜各族自治县政府工作报告 . [DB/OL].（2022-05-18）. http://www.glls.gov.cn/zwgk/gdzdgk/jcxxgk/ldzc/zyjhwg/202203/t20220318_2239024.html.

[35] 刘健，韦吉阳 . 龙胜：奋力描绘高质量发展新画卷 [N]. 桂林日报，2021-11-19（001）.

[36] 灵璧县政府办 . 2022 年灵璧县政府工作报告 . [DB/OL].（2022-01-04）.https://www.lingbi.gov.cn/public/6628291/155955931.html.

[37] 潜山市人民政府 . 2022 年潜山市政府工作报告 . [DB/OL].（2022-02-25）.https://www.qss.gov.cn/zhzw/zfbg/2016590961.html.

[38] 东兰县人民政府办公室 .2022 年东兰县政府工作报告 .[DB/OL].（2022-01-07）.http://www.donglan.gov.cn/xxgk/gzbg/t11175554.shtml.

[39] 龙岩学院干部培训中心 . 中央苏区与苏区精神 [DB/OL].（2017-06-14）[2022-5-18]. https://gbpx.lyun.edu.cn/info/1049/1168.htm.

[40] 赣州市交通运输信息网 . 中央苏区建立前的交通状况（一）[DB/OL].（2021-04-07）[2022-5-18]. https://gbpx.lyun.edu.cn/info/1049/1168.htm.

[41] 赣州市交通运输信息网 . 中央苏区建立前的交通状况（一）[DB/OL].（2021-04-07）[2022-5-18]. https://gbpx.lyun.edu.cn/info/1049/1168.htm.

[42] 中国共产党新闻网 . 福建：红色文化看得见记得住 [DB/OL].（2017-08-22）[2022-5-18]. http://cpc.people.com.cn/n1/2017/0822/c412690-29485013.html.

[43] 广东省红色文化研究会 . 广东加快推进革命老区和原中央苏区红色旅游发展 [EB/OL].（2020-05-13）[2022-5-18].http://520chinese.com/1091763859-5909TX/78.htm.

[44] 刘镇，潘泽云 . 革命老区红色文化高质量发展的实现路径解读——以江西省为例 [J]. 老区建设，2021（20）:70-78.

[45] 中国军网.广东青年运动先驱——阮啸仙 [DB/OL].（2021-08-23）[2022-5-18]. https://www.81.cn/yl/2021-08/23/content_10080082.htm.

[46] 龙岩学院干部培训中心.中央苏区与苏区精神 [EB/OL].（2017-06-14）[2022-5-18]. https://gbpx.lyun.edu.cn/info/1049/1168.htm.

[47] 余少松.陕甘宁边区抗日民主根据地的历史贡献 [DB/OL].（2015-06-21）.sxdsw.org.cn.

[48] 韩旭芳.红色文化助推陕北老区乡村振兴路径研究 [D].长安大学，2020.

[49] 胡佳.政策续航推动新时代革命老区振兴发展 [J].中国老区建设，2022（01）：7-13.

[50] 新华社.感悟"沂蒙精神"见证老区发展——中央新闻单位青年编辑记者临沂行纪实 [DB/OL].（2018-07-15）http://www.xinhuanet.com/politics/2018-07/15/c_1123126763.htm.

[51] 文研.沂蒙抗日根据地对中国革命的历史贡献 [DB/OL].（2020-07-23）. http://www.yhcqw.com/30/12788.html.

[52] 临沂大学.沂蒙红色文化资源的开发与利用 [DB/OL].（2011-09-30）. https://ymwh.lyu.edu.cn/6f/7a/c2705a28538/page.htm

[53] 张克伟.沂蒙红色文化资源产业化研究 [D].山东大学，2010.

[54] 中国文化报.文旅融合背景下临沂红色旅游发展研究 [DB/OL].（2022-02-25）http://wgxj.linyi.gov.cn/info/1006/47082.htm.

后　记

　　《老区新貌——十八大以来革命老区的发展故事》即将付梓之际，感慨颇多。2010年，中国扶贫发展中心（国务院扶贫办外资项目管理中心）把2009年度中央专项彩票公益金支持贫困革命老区整村推进项目基线调查任务交由我牵头承担，自己刚30岁出头。一晃眼，彩票公益金支持革命老区乡村发展项目实施了10多年，从支持脱贫攻坚走向乡村振兴建设。我也一直牵头承担该项目的基线调查、评估和绩效评价等任务，即将步入中年。当看到、听到项目给老区群众带来实实在在的变化时，体会到项目已把党中央、国务院的温暖及时送达了老区群众，自己由衷高兴和幸福，感觉10多年的持续付出是值得的，自己10多年的奋斗是有价值的。

　　做项目过程中，有幸到几十个革命老区县上百个村庄进行调查，了解了当地发展情况。2012年到老区调查时，群众希望解决道路泥泞、人畜饮水难、电压低等生产生活中遇到的问题。经过脱贫攻坚战，这些问题得到了彻底解决。2021年，对老区进行再调查时，群众希望解决产业发展问题，以便增加收入。经过近十年对6000多名生活在不同革命老区农村居民的调查，所有受访者的生活满意度平均值从2011年的6.33提升到2019年的7.8左右。调查晚上有闲暇，会逛逛老区县城，看到很多老区县城亮度越来越亮，跳广场舞的人越来越多。可以说，老区群众的获得感、幸福感和安全感不断增强。老区发生的巨大变化是有目共睹的。出版这本书的目的就是宣传展示党的十八大以来在习总书记有关革命老区发展论述引领下，革命老区取得的巨大发展成就。

　　本书是在很多人的指导与帮助下，众人合作完成的。中国扶贫发展中心黄承伟主任、曾佑志副主任、罗朝立副主任、王菁副处长、范军武副处长、马俊茹副处长、王晓杨、杨玲、李娜等同志以及张玲娟副处长（已退休），中国国际扶贫中心刘俊文主任，国家乡村振兴局规划财务司张洪波巡视员、朱谦礼调研员，国家乡村振兴局社会帮扶司刘胜安副司长，财政部农业农村司赵洋调研员，中国农业发展银行李晖同志给予了诸多指导、支持和鼓励。诸多县（市、区）乡村振兴局以及山西省乡村振兴局刘振刚、黑龙江省乡村振兴局蔡云雷、广西壮族自治区乡村振兴局谭坚、重庆市乡村振兴局邓成英、甘肃省乡村振兴局杨林、重庆市老区建设促进会陈正财、山东省淄博市代连丽、黑龙江省饶河县张成亮、浙江省永嘉县李春敏、福建省政和县陈必兴、福建省顺昌县陈光兴、山东省沂南县付启华、广东省南雄市李泉洲、四川省剑阁县范为民、广西壮族自治区隆林各族自治县莫庸、广西壮族自治区龙胜各族自治县杨焕娟、陕西省耀州区任帅、天津市蓟州区下营镇孔宪春、山西省武乡县韩北镇冯俊杰等同志协助提供了图片资料。

　　中国农业大学各级领导给予了大力支持。中国农业大学梁雨航、李金轩、杜佳信、胡云君、刘昶妤、唐元清、薛雅涵、侯果等同学承担了资料收集、整理等任务。安徽农业大学方航副教授和河北农业大学侯朝和教授给予了资料提供支持。我们参阅了很多研究者的文章和媒体报道资料，吸收了很多人的观点，引用了很多媒体资料，可能并未一一标出，在此一并表示感谢。由于编著者水平有限，本书肯定还存在不足之处，恳请同仁指正。

　　尽管革命老区发展取得了巨大成就，但大部分位于多省交界地区，且多为山区，经济基础比较薄弱，至今仍属于欠发达地区。革命老区将是中国实施全面乡村振兴战略的难点区域和主战场之一。当下，数字经济蓬勃发展，革命老区乡村振兴事业遇上数字技术，会发生怎样的变化？对革命老区乡村振兴的研究，可谓"雄关漫道真如铁，而今迈步从头越"。中国农业大学国家乡村振兴研究院革命老区研究中心将在这条道路上，继续前行探索。

陈前恒

2022 年 7 月 31 日于北京回龙观田园风光雅苑